DIE WOLGA

Gregor M. Schmid / Adelheid Rabus

DIE WOLGA

Leben am längsten Strom Europas

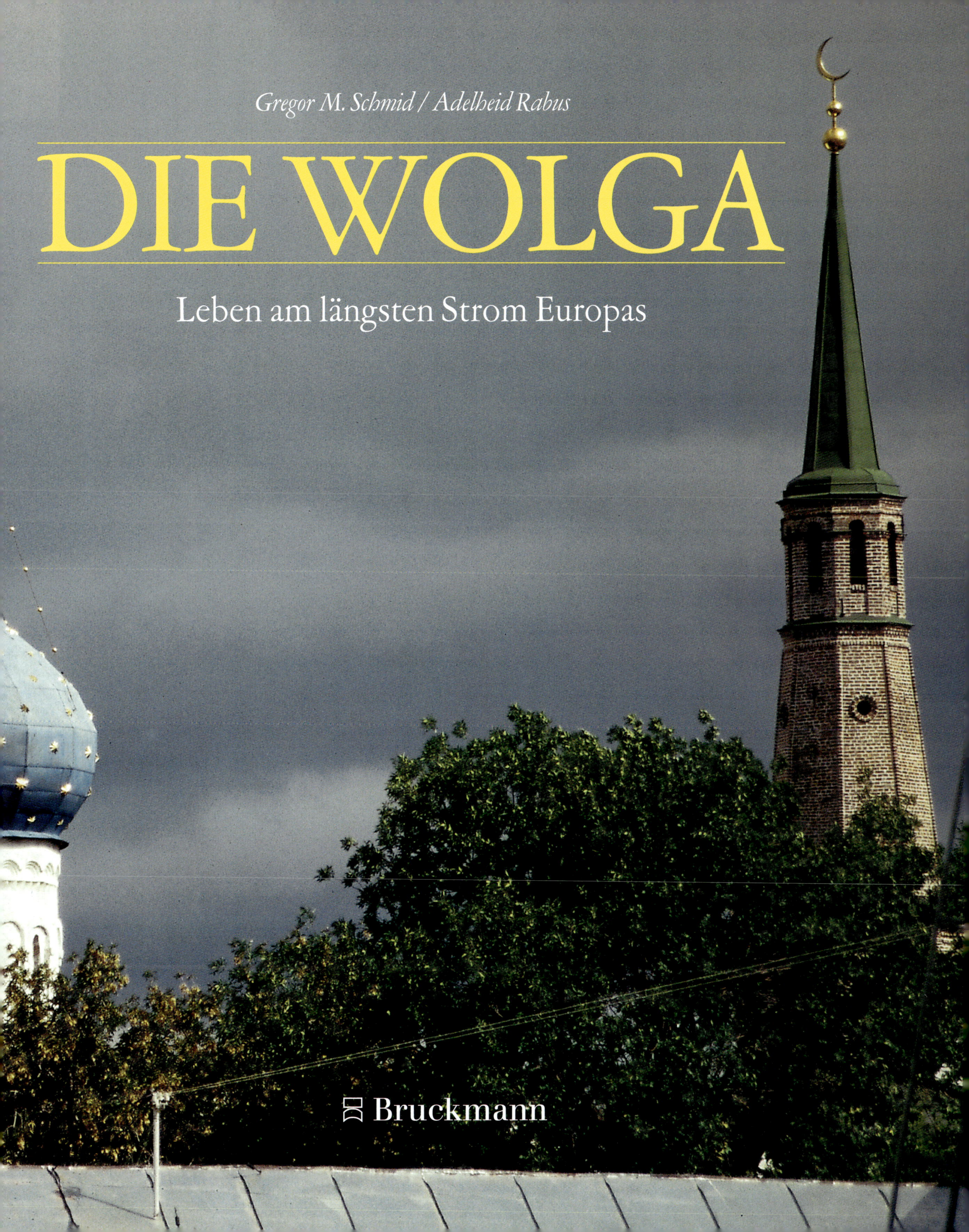

Bruckmann

Inhalt

Barentssee
Weißes Meer
Solowjetskij
Onegabucht
Archangelsk
Weißmeer-Onegasee-Kanal
N
0
250 km
Ostsee
Kischi
Onega See
Ladoga See
Walaam
Helsinki
Finnischer Meerbusen
Wolga-Ostsee-Kanal
Weißer See
Belosersk
Dagö
Ösel
Sankt Petersburg
Sukhona
Rybinsker Stausee
Rybinsk
Kostroma
Riga
Waldaihöhe
Uglitsch
Jaroslawl
Wolga
Twer
Nischnij-Nowgorod
Joschkar-Ola
Rschew
Wolga
Moskau
Kasan
Kama
Oka
Tscheboksary
Moskwa
Simbirsk
Togliatti
Samara
Wolga
Saratow
Engels
Don
Wolgograd
Wolga-Don-Kanal
Wolga
Achtuba
Rostow am Don
Don
Zagan-Aman
Odessa
Manytsch
Astrachan
Elista
Asowsches Meer
Krim
Kaspisches Meer
Schwarzes Meer
Kaukasus

Die Wolga – ein russisches Epos in Versen

In den zwei Wolgas deiner Augen, schiffszuggleich,
tief hinter den Pupillen, beiden,
dazu, kaum zitternd, zärtlich deiner Wimpern Reich,
da schwimmen Schiffe, und die Wolken weiden.

In deinen Augen wird die Wolga nie versanden.
Ich aber werde unter vollen Segeln stehn,
und mag's nur einen Lidschlag kurz herbranden,
denn in deinen Augen hab' ich die ganze Welt gesehn.

Jewgenij Jewtuschenko, »In den zwei Wolgas deiner Augen«

Die Wolga ist der größte Fluß Europas und zugleich das Symbol von »Mutter Rußland«. Von St. Petersburg, der Hauptstadt des großen Zaren an der Ostsee, führt die Reise bis zum Weißen Meer an der nordpolaren Barentsee und hinunter in den Süden, durch das alte Rußland und die neuen Industriezentren bis nach Wolgograd, wo sie – nach einem Abstecher zu den Don-Kosaken und dem Schwarzen Meer – Astrachan erreicht, die ehemalige Residenz Batu-Khans, des Enkels von Dschingis-Khan. Unterwegs begleiten den Reisenden die kühlen Seenlandschaften im Norden, Sümpfe und heitere Wälder, Wiesen und Felder – bis zu den Steppen und Wüsten im Süden, wo die Fahrt schließlich mit Kaviar und Lotosblüten im Kaspischen Meer mündet.

An der Wolga begegnet man allen Epochen der russischen Geschichte – von den Ursprüngen des russischen Reiches bis zur Gegenwart, die von der Auflösung der Sowjetunion gekennzeichnet ist. Der mächtige Strom verbindet die Stationen der Geschichte zu einem Epos mit vielen Versen. Vergänglichkeit und Dauer sind ihm vertraut. Oder – um es in den Worten des Dichters Jewgenij Jewtuschenko zu sagen: »Ich steh' an der Wolga, an der ewigen Wolga / und werd' vielleicht selber, nach meinem Tod, / zu einem Lied über die ewige Wolga, / gleich ihrem Strömen unsterblich und ohne Not.«

Jewgenij Jewtuschenko in seiner Datscha bei Moskau.

Tatarentänzer auf einer Wiese am Ufer der Wolga,
vor dem Hafen von Kasan: Zu ihrer Tracht
gehören handgenähte Stiefel,
wie sie auch heute noch angefertigt werden.

LINKE SEITE: Die Wolga als ideales Transportmittel
— auch für Birkenstämme,
die in einer Holzfabrik am Zusammenfluß
von Wolga und Kostroma verarbeitet werden.

Von Freiheit und Liebe handeln viele Lieder der
Don-Kosaken am Flußdreieck von Wolga und Don, deren
militärisch anmutende Tracht an eine wenig
friedliche Vergangenheit erinnert. Heute sieht man
sie so fast nur noch bei feierlichen
Anlässen oder bei Auftritten professioneller Gesangs-
und Tanzensembles wie der hier abgebildeten
Gruppe »Kosakenfreiheit« aus Wolgograd.

Ein Pferdekarren als »Gemeinschaftstaxi«: Nach dem Besuch des Sabantui-Festes in Arsk bei Kasan; nach mehreren Stunden Tanz, Essen, Trinken und Wettkampfdarbietungen läßt man sich von einem gutmütigen, geschmückten Gaul nach Hause ziehen.

Verzierte Kuppeln und kunstvoll geschmiedete Kreuze bilden den krönenden Abschluß der Stroganoff-Kathedrale in Nischnij-Nowgorod.

»Rußland ist Gottes Angesicht als Frau« (Jewgenij Jewtuschenko): Nach wie vor tragen Tatarinnen bei feierlichen Anlässen kunstvoll verzierte Schleier und beeindrucken mit ihren traditionellen Tänzen.

RECHTE SEITE: Auch im Alltag – wie hier in Kasan – und in moderner Kleidung bewegen sich Tatarinnen mit einer so bewundernswerten Anmut, daß sie förmlich über den Straßen zu schweben scheinen.

Sonne, Wind und Stürme prägen die Gesichter der Fischer im Wolgadelta. Die hier versammelten Mitarbeiter der Fischereivereinigung Ikraninskij Rayon, bei Tud-Front im Gebiet Astrachan, stammen aus Europa wie aus Asien und sind im Frühjahr – wenn die Störe zum Laichen ins Delta schwimmen – für jede kleine Pause dankbar.

RECHTE SEITE: Abendstimmung an den Ufern von Kostroma. »Doch einmal spielte Alexander Skrjabin, tagelang, / an Bord des grünen Wolgadampfers ›Zukunft‹ / auswendig sein ›poème de l'exstase‹ – unsere Gegenwart.

Der Traum des Zaren (1)

Schon in früher Zeit benutzten die Kaufleute den Schiffsweg vom Schwarzen Meer über das Mittelmeer, den Atlantik und die Nordsee in die Ostsee. Der direkte Weg von der Ostsee mit dem Schiff zum Schwarzen Meer verlief vom Finnischen Meerbusen durch die Newa in den Ladoga-See. Anschließend ging es auf dem Wolchow weiter bis zum Ilmensee, von da den Lowat aufwärts bis in die Nähe von Welikije Luki. Bis zur Düna mußten die Schiffe und Waren über Land gezogen werden. Oberhalb von Smolensk hatte man eine weitere Wasserscheide zu überwinden, um zum Dnjepr zu gelangen. Als die schwierigste Stelle der gesamten Wasserstraße galten die bei Saporoschje gelegenen Stromschnellen, die nur zu Lande zu umgehen waren. Dort wurden die Kaufleute nicht selten von Steppenräubern ausgeplündert und in die Sklaverei verkauft. War man heil durchgekommen, konnte man unterhalb der Katarakte den Dnjepr abwärts bis ins Schwarze Meer und an dessen nördlicher und westlicher Küste entlang bis zur Weltstadt Byzanz fahren.

Ein anderer wichtiger Wasserweg zweigte vom Ilmensee in östlicher Richtung ab. Er folgte dem Lauf der Wolga bis zur Stadt Itil am Kaspischen Meer, dem wichtigsten Handelszentrum der Chasaren, an dessen Stelle später Astrachan entstand. Von Itil aus führten die Handelswege über das Kaspische Meer hinweg nach Persien und Arabien, nach Indien und China.

Mit dem Schiff zu allen Weltmeeren

Zar Peter der Große (1672–1725) träumte davon, schnell und bequem mit dem Schiff von Rußland aus alle Weltmeere erreichen zu können. Zu diesem Zweck sollten Kanäle zwischen den natürlichen Wasserstraßen

In den sogenannten »Weißen Nächten« von Ende Mai bis Juli, in denen es niemals richtig Nacht wird und ein ständiges Dämmerlicht herrscht, öffnen sich nach Mitternacht zweimal für einige Stunden die riesigen Brücken von St. Petersburg, um großen Schiffen die Durchfahrt zu ermöglichen.

die Ostsee mit dem Weißen Meer und der ins Kaspische Meer mündenden Wolga verbinden; über einen weiteren Kanal zwischen Wolga und Don sollte auch das Schwarze Meer und damit das Mittelmeer direkt von den Nordmeeren aus per Schiff erreichbar sein.

Soweit der Traum. Mit seiner Verwirklichung begann Peter der Große noch selbst, indem er den Auftrag für das Marien-Kanal-System zwischen Onega-See und Rybinsk gab. Unter den nachfolgenden Zaren und der Sowjetunion wurde das Kanalnetz weiter ausgebaut, aber die endgültige Verwirklichung des Traums gelang erst mehr als zweihundert Jahre nach dem Tod Peters des Großen, nach dem Zweiten Weltkrieg, mit Hilfe von deutschen Kriegsgefangenen.

Von St. Petersburg bis nach Rybinsk

Die das Stadtbild von St. Petersburg prägende Newa entspringt im nahen Ladoga-See, der St. Petersburg auch mit Trinkwasser versorgt. Im Nordosten des Sees liegt die Insel Walaam, umgeben von einer Vielzahl kleinerer Inseln. Sie hat eine Fläche von achtundzwanzig Quadratkilometern, ist Teil des Nördlichen Nationalparks und gehört zum Autonomiegebiet Karelien. Das berühmteste Bauwerk auf Walaam ist das Verklärungskloster. Einer Sage nach wurde es im Jahr 992 von zwei griechischen Mönchen, Hermann und Sergius, gegründet und 1163 zerstört. Nach einer besser belegten Version wurde es dagegen erst im Jahr 1329 errichtet; als Ausgangsbasis für Mönche, die Karelien missionieren wollten.

Im Lauf der Geschichte wurde die Insel Walaam häufig zerstört, bis sie mit dem Sieg Peters des Großen über Schweden an Rußland fiel. Zwischen dem Ersten und Zweiten Weltkrieg gehörte Walaam zu Finnland, dann wurde sie von Stalin zurückerobert und im Verklärungskloster eine Schiffsakademie eröffnet. Mit der Perestrojka gab man einen Teil der Klosteranlagen an die orthodoxe Kirche zurück, und im Jahr 1992 wurde von Boris Jelzin ein Vertrag für die gesamte Rückgabe unterschrieben, ohne zugleich auch das dadurch für die dort lebenden weltlichen Bewohner entstehende Problem zu regeln.

Die Swir verbindet den Ladoga-See mit dem Onega-See, an dessen Westufer die Hauptstadt Kareliens, Petrosawodsk, liegt. Karelien ist ein äußerst dünn besiedeltes Gebiet, halb so groß wie Deutschland, mit einem sehr rauhen Klima. 800000 Einwohner leben in diesem Gebiet mit seinen rund 65000 Seen, mehr als 1000 Flüssen und einer enormen Vielfalt an Pflanzen und Tieren der kalten Regionen. Hier, wo es keine Steine und Lehm für Ziegel, aber ausreichend Wälder gibt, wurden in den Jahren 1714 und 1764 nebeneinander zwei Kirchen aus Holz errichtet – die Preobraschenskaja-(Verklärungs-) und die Pokrowskaja-(Beschützer-) Kirche auf der Insel Kischi im Onega-See. Sie könnten auch skandinavisch sein, wären da nicht die Türme mit den typisch russischen Zwiebelhäubchen und Bogen. Für »verklärte« Gesichter sorgt übrigens in diesem Fall allein schon die Bewunderung der meisterhaften russischen Holzbaukunst.

Die kleinere Kirche ist traditionsgemäß die Winterkirche, weil sich darin die Besucher während der neunmonatigen Winterzeit gegenseitig besser wärmen können. Im Inneren der Preobraschenskaja-Kirche, der Sommerkirche, ist eine prachtvolle Ikonostase mit vier Reihen Ikonen aus der biblischen Geschichte und Portraits aus der Kirchengeschichte zu bewundern. Die prunkvoll goldverzierte Türe in der Mitte unten ist für Normalsterbliche verschlossen. Nur hohe Kirchenfürsten und der Zar durften sie durchschreiten: In vielen traditionellen russisch-orthodoxen Kirchen befindet sich hinter der Ikonostase ein Prunksitz, von dem aus die hohen Würdenträger – oder der Zar – dem Gottesdienst folgen konnten, ohne vom gewöhnlichen Kirchenvolk gesehen zu werden. In der Nähe dieser Kirchen gibt es übrigens ein interessantes Freiluftmuseum mit historischen Gebäuden im Stil der Region Onega.

Bevor die Reise zur Wolga weitergeht, machen wir noch einen kleinen Abstecher vom Onega-See über den

Weißmeer-Onegasee-Kanal (früher: Stalin-Kanal) bis zur Onega-Bucht am Weißen Meer. Dieser im Jahr 1933 vollendete und siebenundzwanzig Kilometer lange Kanal ist mit neunzehn Schleusen zur Überwindung der Höhenunterschiede ausgerüstet. Auf dieser recht kurzen Kanalstrecke kann der Hafen Archangelsk (dem Erzengel Michael zu Ehren) von der Ostsee aus bequem erreicht werden, was sonst nur durch die mehrere tausend Kilometer lange Umfahrung Skandinaviens (Ostsee, Skagerrak, Nordsee, Nordmeer und Barentsee) möglich wäre.

Beim Verlassen der Onega-Bucht in Richtung offenes Meer geht die Fahrt an den Solowjetskij-Inseln vorbei. Ein auf den ersten Blick eher unscheinbares altes Insel-Kloster wurde in der Stalin-Ära als »Gulag« genutzt – als ein von allen Verbindungen mit der übrigen Welt abgeschlossener Ort der Verbannung politisch Andersdenkender, den diese (wenn überhaupt) erst Jahrzehnte später wieder verlassen durften. Ein kleines Museum mit Fotos, Briefen und verschiedenen Gegenständen aus dieser Zeit erinnert heute an das Elend der damaligen Gefangenen.

Im zehnten Jahrhundert wurde das Gebiet an der Barentsee von den Normannen besiedelt, im sechzehnten Jahrhundert war Archangelsk eine englische Handelsniederlassung – sibirische Pelze waren auch in Westeuropa sehr begehrt. (Heute bildet der Holzreichtum dieser Gegend die Hauptgrundlage für den Handel, den Schiffsbau und das Kunstgewerbe.)

Vom Onega-See zur Wolga

Der Wolga-Ostsee-Kanal verbindet das Südende des Onega-Sees mit dem Weißen See und über die Scheksna mit dem Rybinsker Stausee, der die noch junge Wolga berührt. Am Südende des Weißen Sees liegt Belosersk, ebenfalls ein legendärer Ort der Verbannung: Wie Shakespeares Hamlet – der Ophelia dazu auffordert, in ein Kloster zu gehen –, so handelten auch manche Zaren. Im Gegensatz zu Hamlet halfen sie dabei allerdings noch kräftig nach. So verbannte zum Beispiel Peter der Große, als er mit siebzehn Jahren beschlossen hatte, Alleinherrscher zu werden, seine bis dahin mitregierende Halbschwester Sophia in ein Kloster. Und hierher ins einstmals weitab gelegene, nur durch einige Tagesreisen zu Pferd zu erreichende Belosersk verbannte Boris Godunow die letzte Ehefrau des Zaren Iwan IV. (»der Schreckliche«), Mutter des Thronfolgers Dimitrij, nach dem legendenumwobenen Tod ihres Sohnes.

Durch das Kanalsystem und den Rybinsker Stausee, der mit fast 5000 Quadratkilometern Fläche fast zehnmal so groß ist wie der Bodensee, aber im Durchschnitt nur gut fünf Meter tief, hat dieser Verbannungsort seinen Schrecken verloren. Selbstverständlich wird die Wasserkraft des Stausees, für den einst ganze Ortschaften »geopfert« und die Landschaft überflutet wurde, von einem großen Kraftwerk genutzt, das die Region und die angesiedelte Industrie mit Strom versorgt. Eine Kirche ragt bis heute aus dem Wasser heraus: Als der Pegel stieg, so wird erzählt, begannen die Kirchenglocken wie von Geisterhand betätigt zu läuten – und selbst wenn ein Glockenturm im Wasser versunken ist und man mit einem Boot darüber hinwegfährt, soll man dort immer noch das Läuten hören können.

Am Ende dieses riesigen Stausees ändert die von Südwesten kommende Wolga ihre Richtung und fließt nach Südosten weiter. Folgen wir ihrem Lauf, so werden wir überall auf Orte stoßen, die geprägt sind von der Geschichte und den Geschichten dieses Landes; von heiteren und traurigen Geschichten, von denen manche wie Märchen klingen und andere mit dem Traum von einer besseren und gerechteren Welt beginnen, aber mit der Unzulänglichkeit der Menschen enden. Es sind Geschichten, in denen von Machtstreben und Habgier die Rede ist, von Unterdrückung und Aufstand, Mühe und Not, von Arbeit, Fleiß und Erfindergeist – in denen es also um all die Menschen unterschiedlicher Herkunft, Sprache und Religion geht, die zumindest eines verbindet: der große Fluß, die »Mutter Wolga«, Rußlands Lebensspenderin und Ernährerin.

Der Ladoga-See ist mit 17 660 Quadratkilometern Fläche und bis zu 223 Metern Tiefe der größte Süßwassersee Europas. Zuflüsse: Swir und …

...Wolchow, größter Abfluß durch die Newa zum Finnischen Meerbusen.

Das Kloster Walaam auf der gleichnamigen Insel im Ladoga-See hat mehrere, auf verschiedene Inseln verteilte Eremitagen.

Im und um den Klosterkomplex lebt man in bescheidenen Verhältnissen, in einem rauhen Klima.

Das Hauptportal des Christi-Verklärungsklosters: Jahr für Jahr Anziehungspunkt zahlreicher Pilger.

LINKE UND RECHTE SEITE:
In der kleinen Stadt Swirstroj, am Fluß Swir gelegen, verläuft das Leben ruhig und äußerst bescheiden. Aber die hier von Bord gehenden Touristen bieten eine willkommene Abwechslung und werden mit zurückhaltender Freundlichkeit begrüßt. In den einfachen, karg möblierten Häusern spendet ein gemauerter Kaminofen nicht nur Wärme für Mensch und Tier, sondern er wird zugleich als Herd und als Wäschetrockner genutzt — im Sommer ebenso wie an den langen, kalten Wintertagen.

Das Inselkloster Solowjetskij im Weißen Meer ist mit der Wolga über den Weißmeer-Onega-Seekanal und 19 Schleusen verbunden.

Auf dem Weg in Richtung Weißes Meer liegt Solombola, mehr als ein Vorort von Archangelsk. Schon Peter der Große ließ dort Holzschiffe bauen, und noch heute werden hier Jachten in der aufwendigen Holzskelettbauweise hergestellt. Auftraggeber sind oftmals betuchte Reiche aus dem Westen.

»Nordische Tänze« mit »nordischen Schwingen« zeigen hier die Ballerinen des Theaters der Stadt Archangelsk, die im wesentlichen durch den Erzengel Michael, Peter den Großen und den Wissenschaftler Michail W. Lomonossow bekannt wurde. Unter der Choreographie ihres Ballettmeisters Bogomolov und zu einer Musik des Harfenisten Andreas Vollenweider entsteht dabei ein die Sinne betörendes harmonisches Schauspiel.

Mehr als 30 Schleusen gibt es auf den Verbindungskanälen von der Ostsee zum Ladoga-See, vom Weißen Meer zum Onega-See und weiter über den Rybinsker Stausee bis nach Moskau. Der 1100 Kilometer lange Wolga-Ostsee-Wasserweg (1964) ersetzte das ehemalige Marienkanalsystem aus den Jahren 1810 bis 1852.

RECHTE SEITE: Auf der Insel Kishi stehen zwei ganz aus Holz errichtete Kirchen und ein historisches Museum für russische Holzbaukunst. Architektonischer Höhepunkt ist die Verklärungskirche aus dem Jahr 1714 mit ihren (auf dem Bild nicht alle zu sehenden) 22 Kuppeln.

Das Kirill-Beloserski-Kloster wurde im Jahr 1397 von dem später heiliggesprochenen Mönch Kirill gegründet, der vom Moskauer Simon-Kloster ...

… hierher kam, um ein neues Leben zu beginnen.

Im Herzen des alten Russland

»…Unterm hohen Uferhang
dampfte im Morgendunst die Wolga
und schmeckte nach Fisch, Brot und Rinde.
Stare schwirrten in den Sommerhimmel,
der ganze Fluß war in versunknen Bäumen,
schleppte sich fort in Faulbeerbäumen
oder schleppten ihn die Faulbeerbäume…
Er setzte sich ins Boot, fuhr fort…«

Jewgenij Jewtuschenko,
»Auf den Tod eines alten Bojenlegers« (Auszug)

Die Wolga entspringt in den Waldai-Höhen, einem ausgedehnten bewaldeten Hügelgebiet nordwestlich Moskaus, dessen höchste Erhebungen nur da und dort mehr als 300 Meter über dem Meerespiegel erreichen. Der europäische Teil Rußlands ist für westeuropäische Begriffe ein flaches Land, selbst der höchste Gipfel des Ural bleibt noch unter 2000 Metern Höhe. Kennzeichnend für die russische Landschaft ist der sandige Boden: Selbst in den vielen sumpfigen Gebieten ist Sand ein wesentlicher Bestandteil. Ein Fluß, der sich über Tausende von Jahren durch eine solche Landschaft sein Bett gegraben hat, ist anders als einer, der

An der Wolgaquelle (oben) in den Waldaihöhen (rechts) steht ein kleines Pfahlholzhaus, das über einen Steg zu erreichen ist. In der Mitte …

… des Raums gibt ein Loch im Boden den Blick auf das Quellwasser frei.

sich durch Gebirge seinen Weg suchen muß. Die Durchlässigkeit des sandigen Bodens macht ihn rasch zum Sammelbecken des Regenwassers einer ganzen Region, zu einem träge dahinfließenden behäbigen Strom, ohne Wildheit und zunehmend breiter werdend. Ob das der Grund dafür ist, warum man die Wolga häufig als Mütterchen, gar als Großmütterchen bezeichnet? Etwas respektvoller klingt da schon die Bezeichnung »Mutter Wolga«, bei der man unwillkürlich an die richtungweisende Macht ihrer Wassermassen denkt, gegen die ein Ankommen schwer möglich ist, und an matriarchalische Vorzeiten erinnert wird.

Von der Quelle bis nach Moskau

Folgt man den Anfängen der Wolga, deren Quelle von einem hölzernen Pavillon eingefaßt wird, so wechseln sich schon bald Wald, Sumpf und Anbaugebiete für Flachs ab. Auf halber Stecke nach Moskau erreicht man die erste Stadt: Rschew, an der Schnellstraße Riga-Welikije Luki-Moskau gelegen, mit einer Eisenbahnstation. Deutsche Wehrmachttruppen eroberten die Stadt am 14. Oktober 1941 auf ihrem Vormarsch nach Kalinin (Twer); erst am 1. März 1943, einen Monat nach der Kapitulation Stalingrads und nach einer eineinhalbjährigen harten Schlacht, begann der am 16. März desselben Jahres abgeschlossene Rückzug der deutschen Truppen aus dem Gebiet.

Kurz nach Rschew ändert die Wolga ihre Richtung und wendet sich nach Nordosten: Rund 150 Flußkilometer lang führt uns der Weg durch einsame Landschaften bis zur schon erwähnten nächsten Stadt Twer, die zu Zeiten der Sowjetunion Kalinin hieß. Die enorme Weite des Landes gehört zu den faszinierendsten Erlebnissen jeder Rußlandreise. Sie macht die Gelassenheit der Menschen, die wir gerne als Fatalismus interpretieren, verständlich. Obwohl die Wolga eine Hauptverkehrsader war und ist, an der eine Reihe von Millionenstädten liegen, fließt sie außerhalb dieser Metropolen durch sehr dünn besiedelte Gegenden.

Twer wurde 1181 gegründet und war bis zum Jahr 1490 Sitz des gleichnamigen Fürstentums. Im Kampf um die Macht im Staate, noch lange bevor die Zaren aus dem Hause Romanow Herrscher des russischen Reiches wurden, spielten die Fürsten von Twer eine wichtige Rolle. Ein (auf andere Weise) berühmter Sohn dieser Gegend ist der Satiriker Michail Jewgrafowitsch Saltykow (1826–1889), Schtschedrin genannt. In seinen Texten setzt er sich mit der Zeit von Zar Alexander II. auseinander, dessen liberale Reformen von der anpassungsunwilligen älteren Generation als eine Art »Ruhestörung« betrachtet wurden, während viele Jüngere es verstanden, die neuen Gesetze zu ihrem Profit auszulegen. Diese »neue« russische Gesellschaft wurde von Saltykow als »etwas wie eine Bourgeoisie« charakterisiert, als »eine neue Kulturschicht, die aus Schenkwirten, Wucherern, Eisenbahn-Unternehmern, Bankiers und ähnlichen Ausbeutern und Menschenschindern besteht«. Mit weniger krassen Worten spottete der »russische Äsop«, Iwan Andrejewitsch Krylow (1768–1844), über die menschlichen Schwächen. Viele seiner Verse sind Alltagsgut der russischen Umgangssprache geworden und seine Fabeln ein unvergänglicher Bestandteil der russischen Literatur.

Das Quartett

Der Affe, der stets hinter Streichen her,
Der Esel im grauen Rock,
Dazu noch der Ziegenbock
Und schließlich – mit mächtigen Pranken – der Bär,
Die hatten vor, zu vieren
Unter der Linde zu musizieren.
Noten, Cello, Bratsche, zwei Geigen
Brachten sie mit, ihre Kunst zu zeigen.
Legten gleich los. Kam nichts raus als Gekratz.
Der Affe klopft ab schon im ersten Satz:
»Halt Freunde, warum so hetzen! Geduld, Geduld!
An allem ist nur eines schuld:
Wir sitzen falsch. Erst mal sich richtig setzen!
Erlaub' mir, daß ich dich, Meister Petz,
Mit dem Cello der Bratsche gegenüber setz,
Geig gegen Geige. So. Aufgepaßt! Bald

Tanzen nach unserm Takt Berge und Wald.«
Doch als man's wieder aufnimmt,
Geht's schlimmer als vorher, nichts stimmt.
»Augenblick mal«, schreit der Esel jetzt,
»Ich hab's! Viel besser ist's doch, man setzt
Seite an Seite sich, so daß man statt
Blickrichtung Ellbogenfühlung hat.«
Aber was hilft's, daß man streng ausgerichtet –
Das Chaos der Töne sich keineswegs lichtet.
Da fallen Bock, Aff', Esel, Bär
Mit Gezänk übereinander her.
Vom Streit, wie man sitzen soll, angezogen,
Kam die Nachtigall zu den Linden geflogen.
Die viere gingen sie gleich an um Rat.
»Woran kann's nur liegen! Sieh, Nachtigall, wir
Sind, wie's zu einem Quartett gehört, vier.
Kein Zweifel, daß jeder sein Bestes tat.
– Und – wir haben, weiß Gott, äußerst griffige Pfoten!
Instrumente vollzählig, in Ordnung die Noten!
Und doch klappt's nicht. Es muß doch zuletzt
Daran liegen, wie man sich setzt«!?
»An was ander'm«, erwidert die Nachtigall,
»Scheint mir's zu liegen in eurem Fall:
Mit etwas zarteren Ohren
Werden Musikanten geboren.
Solang' man so wichtig sich tut mit dem Platz,
Gibt's immer Gekratz!«

Iwan Andrejewitsch Krylow

Gut hundert Flußkilometer hinter Twer verbindet der mächtigste Kanal Rußlands die Wolga mit Moskau. Über dreizehn Schleusen können auch sehr große Schiffe das stolze Moskauer Hafengelände anfahren. Die Industrialisierung der Wolga-Region wurde vom Zentrum der Sowjetregierung aus geplant und vorangetrieben. In dieser Periode änderte sich das Gesicht des Flusses entscheidend. Riesige Stauseen wurden angelegt, um das Wasser der Wolga und ihrer oft kaum weniger mächtigen Nebenflüsse zu sammeln und zu regulieren. Die Erzeugung von billigem Industrie-Strom durch gewaltige Wasserkraftwerke war dabei nur ein Aspekt, ein anderer das grundsätzliche Versprechen der Erhöhung des Lebensstandards für alle Bürger des Landes, mit dem der Sowjetstaat einst nach dem Bürgerkrieg angetreten war. Dazu braucht man nicht nur elektrischen Strom und moderne Wirtschaftsgüter, sondern auch »das tägliche Brot« – also Getreide aus gutem, fruchtbarem Ackerboden, mit genügend Wärme und Feuchtigkeit.

Moskau liegt auf demselben Breitengrad wie Dänemark oder die ungemütlich kalte Halbinsel Labrador. Während der Nordwesten Europas durch den warmen Golfstrom in den Genuß eines gemäßigten Klimas kommt, ist Rußland zu weit von seiner Einflußsphäre

An Iwan Andrejewitsch Krylow (1768–1844), den »russischen Äsop«, erinnert in der Stadt Twer ein Denkmal mit Reliefdarstellungen seiner unvergänglichen Fabeln – wie hier »Das Quartett«.

entfernt. Nur von Landmassen und dem Nördlichen Eismeer umgeben, muß es hier mit seinem kontinentalen Klima leben – mit langen und kalten Wintern sowie trockenen Sommern. Große Hungersnöte, wie die letzte im Jahr 1932 mit geschätzten fünf bis neun Millionen Toten, waren keine Seltenheit. Davor war den neuen sowjetischen Staatslenkern bereits durch die Hungersnot von 1921, mit geschätzten vier bis fünf Millionen Toten, deutlich vor Augen geführt worden, was eine vordringliche Aufgabe sein sollte. Um überall im Lande und auch in trockenen Jahren das oben genannte »täglich' Brot« sicherzustellen, wurde die Landwirtschaft reformiert und industrialisiert. Die Mittel und Methoden, mit denen man dabei zu Werke ging, sind teilweise bis heute umstritten. Aber sicher ist, daß die Sowjetunion in ihrem Streben nach dem Zweiten Weltkrieg, den amerikanischen industriellen Standards zu genügen oder sie zu übertreffen, weit über das einstige Ziel Peters des Großen hinausgeschossen ist, der Rußland – auch mit Hilfe der Wolga – an die westliche Zivilisation »anschließen« wollte. An den notwendigen Schutz der Umwelt dachte damals kaum jemand, und bis heute gilt Umweltschutz als eine Art »Luxus«, den man sich nicht leisten kann oder will, weshalb die vielen begangenen Sünden des atemlosen Wettlaufs zwischen Ost und West an der Wolga leider exemplarisch zu betrachten sind.

Uglitsch und Boris Godunow

Nach der Abzweigung des Moskau-Kanals, hundert Kilometer flußabwärts, liegt Uglitsch – zum sogenannten »Goldenen Ring« (wegen der den Zarenkirchen vorbehaltenen goldenen Kuppeln) altrussischer Kirchenstädte gehörend, der sich im Nordosten Moskaus über Nowgorod am Ilmensee bis nach Wladimir und Susdal hinzieht. In diesem entlegenen Uglitsch geschah einst ein Ereignis, welches das riesige Reich für viele Jahre in große Wirren stürzte – das von Puschkin literarisierte und von Mussorgskij vertonte Drama um Boris Godunow und den falschen Zaren Dimitrij: Als Iwan »der Schreckliche« nach einer in Blut und Grauen endenden Zarenherrschaft 1584 im Alter von 54 Jahren starb (seinen ältesten Sohn hatte er nach einem Wortwechsel erschlagen), wurde der geistig und körperlich kränkelnde, aber sehr fromme Fjodor I. aus Iwans erster Ehe mit Anastasia Romanow zu seinem Nachfolger ernannt. Die Regierungsgeschäfte führte Fjodors Schwager Boris Godunow, der aus einem alten Tatarengeschlecht stammte, das schon vor langer Zeit in die Dienste des Großfürsten von Moskau getreten war. Da Fjodor I. kinderlos blieb, galt sein Stiefbruder Dimitrij (der jüngste Sohn aus der siebten und letzten Ehe Iwans IV. mit Marja Nagaja) als sein Nachfolger. Doch der im abgelegenen Uglitsch aufgewachsene Dimitrij starb dort schon im Alter von neun Jahren, 1591 – angeblich nach einem Sturz beim Spielen; andere behaupteten, er sei im Auftrag Boris Godunows ermordet worden. Beim Auffinden des toten Kindes im Hofe des Kremls von Uglitsch, so heißt es, läuteten die Glocken »von selbst« Sturm und riefen alle Bewohner des Ortes zusammen, die sich dann in ihrem Zorn an den Gefolgsleuten Boris Godunows »vergriffen« und später zur Strafe entweder getötet oder verbannt wurden. Die Mutter Dimitrijs, der man eine Mitschuld am Tod ihres Kindes gab, verbannte man in das Kloster nach Belosersk; die Henkel und der Klöppel der Sturm läutenden Glocke wurden abgeschnitten und nach Sibirien gebracht. Dreihundert Jahre später holte man sie zurück und zeigt sie heute allen staunenden Besuchern. Nach dem Tode Fjodors I. im Jahr 1598 bestieg Boris Godunow den Zarenthron, und als ihm der Patriarch dazu den Segen erteilte, rief er aus: »Gott ist mein Zeuge! In meinem Reiche wird es keinen armen Menschen geben! Auch das letzte Hemd werde ich mit meinem Volke teilen!« – nicht aber mit seinen Gegnern, die er als erstes aus seinem Wirkungsbereich »entfernte«. Ab 1601 kam es drei Jahre lang zu Mißernten, die eine schlimme Hungersnot und Seuchen, sogar die Pest zur Folge hatten. Im Volk erinnerte man sich an das Gerücht, Boris Godunow habe sich

durch die Ermordung des jungen Dimitrij den Thron erschlichen, und machte den Zaren für alles verantwortlich: Nicht Gottes Segen liege auf ihm, sondern Gottes Zorn! In dieser Zeit der allgemeinen Unzufriedenheit tauchte in Polen ein neuer Thronanwärter auf und behauptete, der durch glückliche Umstände gerettete Dimitrij zu sein. Im Herbst des Jahres 1604 marschierte dieser erste »falsche Dimitrij« (es gab insgesamt drei) mit einem Heer aus Polen und übergelaufenen russischen Soldaten nach Moskau. Ein Jahr darauf starb Boris Godunow auffallend plötzlich – an einem Blutsturz, sagen die einen; an einem selbst eingenommenen Gift, sagen die anderen. Boris Godunows Sohn und dessen Mutter wurden ermordet. Der falsche Dimitrij ließ sich noch im selben Jahr vom Patriarchen krönen, verlor aber schon bald an Ansehen, weil er sich unbekümmert über russische Bräuche hinwegsetzte. Er kleidete sich polnisch, ging nie in die orthodoxe Kirche, verrichtete kein Tischgebet und unternahm nichts gegen das hochmütige Benehmen seines großen polnischen Gefolges. Am 17. Mai 1606 wurde er gestürzt, ermordet und sein Leichnam öffentlich ausgestellt. Später verbrannte man die Leiche und steckte die Asche in eine Kanone, die in jene Richtung abgeschossen wurde, aus der er einst gekommen war...

Jaroslawl, oder: Wie viele Kirchen braucht der Mensch?

Nach Uglitsch fließt die Wolga ein Stückchen weit gen Norden, berührt den Rybinsker Stausee und wendet sich dann nach Südosten, wo kurz vor Jaroslawl ein kleiner Ort namens Tutajew an der Wolga liegt. Sein früherer Name, Romanow-Borisoglebsk, verweist noch auf die Entstehung des Ortes um die Mitte des dreizehnten Jahrhunderts aus einer Siedlung des Fürsten Romanow und dem Bauern-, Fischer- und Jägerdorf Borisoglebsk, das wiederum an Boris und Gleb erinnert: zwei Söhne des Kiewer Großfürsten Wladimir des Heiligen, die mit christlichem Namen Roman und David hießen und nach Wladimirs Tod im Kampf um die Nachfolge des mächtigen Kiewer Reiches ermordet wurden. Schon wenige Jahre danach verehrte man sie als Heilige und Märtyrer, und noch heute stößt man überall in Rußland auf Ortschaften und Kirchen, die nach ihnen benannt sind. Nach der Ermordung Boris' und Glebs wurde deren Onkel Jaroslaw der Weise Großfürst von Kiew und ganz Rußland. Er war der Kirche wohlgesonnen und stets darauf bedacht, ihr Ansehen beim Volk zu heben. Dafür half ihm die Kirche bei der Umsetzung seiner Pläne.

Unter Jaroslaw entwickelte sich das Mönchtum prächtig. Auf den durch Schenkungen und Stiftungen vermehrten Liegenschaften der Kirchen und Klöster hatten die weltlichen Behörden keine Befugnisse, hier galten die Grundsätze der Unabhängigkeit und der Immunität. Auch die Verfasser des von Jaroslaw eingeführten Gesetzbuches mit einer Prozeßordnung, der »Russkaja Prawda«, dürften Geistliche oder zumindest kirchlich geschulte Juristen gewesen sein.

»...Also: die Formen der Kirchen
an der schon sehr breiten Wolga,
mit den schwimmenden zartgrünen Anlegestellen
und den zum Trocknen umgekippten Booten,
die Straßenbahnen, von Frauen gesteuert
– zum gleichen Lohn, versteht sich –
und die trockene Kälte, in der das Weiß
des Kremls warm leuchtet,
wie morgens das glühende Schneerot in Nowgorod,
und wie schwer es mir fällt, zu begreifen,
wie lange man vom Vorrat der Partisanenzeit zehren kann.
Der, dem ich von den Kirchenneubauten bei uns erzähle,
schüttelt ungläubig den Kopf.«

Godehard Schramm, »Jaroslawl« (Auszug)

Dort, wo der Kotorosl-Fluß in die Wolga mündet, hatte Fürst Jaroslaw der Weise im Jahr 1010 eine befestigte Stadt gegründet: im sogenannten »Bäreneck«, wo er einst der Sage nach mit seiner Streitaxt einen Bären erschlug. Heute ist der Bär, den die ersten Siedler als heiliges Tier ansahen, nicht nur das Wappentier der

Region Jaroslawl, sondern zu einem Symbol von ganz Rußland geworden. Den Höhepunkt seiner historischen Entwicklung erreichte Jaroslawl, eine der schönsten Städte Altrußlands, im siebzehnten Jahrhundert. Bemerkenswert ist unter anderem, daß es in Jaroslawl allein zehn Kirchen für den heiligen Nikolaus, den Schutzpatron des Handels, gibt. Wie viele Kirchen braucht der Mensch? Als Folge der aktuellen Zeitenwende ist das Wiedererstarken der orthodoxen Kirche überall spürbar. So konnte in Jaroslawl die bekannte Ikonen-Malschule wiedereröffnet werden. Auch ein höchst ehrenvoller Auftrag aus Moskau liegt bereits vor: An der Ausmalung des Inneren der wieder aufgebauten Moskauer Erlöserkirche beteiligt sich ein Lehrer der Ikonenschule Jaroslawls. Aber in Anbetracht der historischen Machtfülle der russischen Kirche und der angehäuften Probleme aus den letzten Jahrzehnten erscheint die starke Hinwendung zu den Gebeten, Gesängen und dem Prunk der einst durch die Oktoberrevolution aus dem öffentlichen Leben verbannten und sich damals wie heute nur wenig an den Bedürfnissen der Menschen orientierenden orthodoxen Kirche wie eine hilflose Flucht vor der Realität: »In unserem Land glauben die Menschen nicht deshalb, weil sie etwas kennen und lieben, sondern um ihre Seele zu beruhigen« (Maxim Gorkij, »Unzeitgemäße Gedanken über Kultur und Revolution«, März 1918).

Jaroslawl, in dem der Schauspieler Fjodor Wolkow 1750 das erste russische Theater eröffnete, ist heute eine moderne Industriestadt mit über einer halben Million Einwohner. Zwar führt auch die Eisenbahnlinie Moskau–Archangelsk durch den Ort, aber die Hauptverkehrsader ist und bleibt der Fluß, der allerdings an manchen Stellen so breit ist wie ein See.

Kostroma und die Wolgatreidler

Ein Stückchen weiter flußabwärts liegt Kostroma. Das Stadtwappen ist ein Segelboot, vielleicht weil es früher die nördliche »Hauptstadt des Flachses« war und West-Europa mit den feinsten Segeltuchen versorgte. Kostroma zählt ebenfalls zum »Goldenen Ring« und besitzt viele alte Kirchen mit bemerkenswerten Fresken und Ikonen. Am eindrucksvollsten ist das Ipatjew-Kloster; ein ausgedehnter, von einer Mauer umgebener Gebäudekomplex mit Kirchen und dem großen Romanow-Haus (in dem sich ein Museum befindet, auf das die orthodoxe Kirche jetzt ebenfalls Anspruch erhob und es auch erhielt) sowie der Boris-Godunow-Gruft. Die Bojaren-Familien Godunow und Romanow waren Großgrundbesitzer im Kostromaer Gebiet. Verwandte von Boris Godunow ließen im Ipatjew-Kloster eine Dreieinigkeits-Kathedrale errichten, die Romanows hatten dort ein Palais. In den Unruhen nach Boris Godunows Tod wurde das Kloster gleich zweimal von polnischen Angreifern eingenommen. Erst mit der Wahl des hier lebenden Michael Romanow zum Zaren war die »Zeit der Wirren« beendet.

Als im Jahr 1773 ein großes Feuer alle Holzhäuser Kostromas vernichtet hatte, wurde der neue Hauptplatz nach den Ideen des italienischen Architekten V. Pollio U-förmig mit Blick auf die Wolga angelegt. Wie alle alten Städte an der Wolga wurde auch Kostroma vor allem vom Handel geprägt. Auch die Dichter, die aus diesem Gebiet stammten oder hier lebten, etwa Alexander Nikolajewitsch Ostrowskij (1823–1886), schrieben bevorzugt über das reiche und stark patriarchalisch aufgebaute Kaufmannstum, mit zunehmend sozialkritischem Unterton. So stellt zum Beispiel Nikolaij Alexeje-

Ilja Jefimowitsch Repin: »Wolgatreidler«.

witsch Nekrassow (1821–1878) in seinem bekanntesten, 1874 vollendeten Werk – »Wer lebt glücklich in Rußland?« – das herrschende Gesellschaftssystem in Frage. Während die Kaufleute immer reicher wurden, litten die Bauern unter der Leibeigenschaft, und viele andere arbeitende Menschen bekamen nur einen Hungerlohn. Das bekannteste Beispiel dafür sind die Burlaken, die Wolgatreidler, denen der Maler Ilja Jefimowitsch Repin (1844–1930) mit seinem 1873 vollendeten Hauptwerk »Burlaken an der Wolga (Wolgatreidler)« ein eindrucksvolles Denkmal setzte (Abbildung linke Seite unten): Am Ufer gehend schleppten die Burlaken an langen Seilen die Handelsschiffe flußaufwärts, und noch heute hört man auf jeder Schiffsreise entlang der Wolga den schwermütigen Gesang der Wolgabootschlepper, an deren Stelle Maschinen und Motoren getreten sind: »E-i-uch-njem« (»He, vorwärts! Zieht!«). Ein sehr weitverbreitetes Volkslied ist auch die »Dubinuschka«, ursprünglich ein Lied der Hafenarbeiter an der Wolga, die mit Hilfe von grün angestrichenen Stangen als Hebel die Ladung aus dem Schiff heben mußten: »Wohlan, Leute, zieht die Last hoch / Jetzt ist keine Zeit zur Rast noch / He, du Eichenstange, vorwärts, / He, die grüne geht von selber schon! / Sie geht, sie geht, sie geht; sie geht, sie geht, sie geht! / Hurra, der Meister schenkt uns Schnaps ein! / Brüder, wer will da noch schlapp sein? / He, du Eichenstange! Vorwärts / He, sie geht von selber schon! / Sie geht, sie geht, sie geht; sie geht, sie geht, sie geht, sie geht!...«

Kurz nach Kostroma, gegenüber dem ebenfalls zum »Goldenen Ring« zählenden alten Dorf Krasnoje-na-Wolge, steht in dem Kraftwerk Wolgoretschensk die größte Turbine Europas. Das Kraftwerk ist der wichtigste Arbeitgeber in dieser Gegend, die auch für ihre moderne Fischzucht bekannt ist. Für viele Fische, die einst die Wolga hinauf und hinunter zogen, sind die den Flußlauf verändernden Stauwerke (trotz der eingebauten Fischtreppen) ein großes Hindernis. Dadurch und als Folge der Industrialisierung mit all ihren Abwässern ist der frühere Fischreichtum der Wolga stark zurückgegangen. So findet man den als Kaviar-Lieferanten weltberühmten Stör heute nur noch selten im Oberlauf der Wolga. Wie der Lachs wächst auch der Stör in Flüssen auf, zieht als Jungfisch ins salzhaltigere Meer und kommt zur Laichzeit wieder zurück an jene Stelle im Fluß, an der er geboren wurde. Da er aber inzwischen zum Meeresfisch geworden ist, kann er im Süßwasser nicht mehr lange leben – er macht nur noch die Reise zu seinem Geburtsort, laicht dort ab und stirbt.

In der Fischzuchtanstalt von Wolgoretschensk werden Störe gezüchtet, und man versucht, hier den Bester heimisch zu machen – eine rasch wachsende Kreuzung verschiedener Stör-Arten, die kleiner und beweglicher als der Beluga-Stör ist. Vielleicht kann auf diese Weise der Wolga etwas von ihrem ursprünglichen Fischreichtum zurückgegeben werden. Das wäre sehr wünschenswert, denn zu einer russischen Flußlandschaft gehören ganz einfach die Angler aus Leidenschaft, die in ihren kleinen Booten geduldig darauf warten, daß ein Fisch anbeißt, der dann zum Abendessen den Freunden stolz und frisch zubereitet nach Art des Hauses serviert wird: Möge dieser Tradition ein ewiges Leben beschert sein!

Die letzte Ortschaft des »Goldenen Rings« an der Wolga ist das malerisch gelegene Pljoß, eine kleine Provinzstadt sechzig Kilometer flußabwärts nach Kostroma. Während der Mongolenkriege war Pljoß eine Festung gegen die Feinde aus dem Osten, von der aus die Soldaten den Fluß auf Flößen gut überqueren konnten.

Bekannt geworden ist Pljoß durch Isaak Iljitsch Lewitan (1860–1900), einem Freund Tschechows. Der berühmteste russische Landschaftsmaler des neunzehnten Jahrhunderts unternahm drei längere Reisen zum Malen an die Wolga. Zu seinen bekanntesten Wolgabildern gehört sein Werk »Nach dem Regen. Pljoß« aus dem Jahr 1889. Die meisten seiner Bilder sind zwar in Moskau oder in St. Petersburg zu besichtigen, aber in Pljoß hat man in dem Häuschen, in dem Lewitan während seiner Malreisen wohnte, ein kleines Museum eingerichtet.

In Uglitsch werden an der Anlegestelle der Schiffe wie auf den kleinen »Märkten« meist selbstgepflanzte und -gepflückte Produkte angeboten.

RECHTE SEITE: Die Dimitrij-Kathedrale in Uglitsch an den Ufern der Woga.

Vom Glockenturm des Erlöser-Klosters in Jaroslawl aus kann man bis zur Wolga blicken und sieht (links im Bild) die mit Ziegelsteinen erbaute Erzengel-Michael-Kirche sowie (dahinter) die »Erlöserkirche in der Stadt«, die wie das Kloster am erhöhten Ufer des Kotorosl-Flusses liegt.

LINKE SEITE: In Twer wurde auch dem Kaufmann Afanasi Nikitin, der auf vielen Weltmeeren zu Hause war und bis nach Indien kam, ein Denkmal gesetzt.

Im Innenhof des Frauenklosters Tolga bei Jaroslawl, direkt an der Wolga gelegen, sieht man die frisch restaurierten Fresken des Jaroslawler …

… Malers Nikolaij Mukhin.

In einem Warteraum der Kinderklinik von Kostroma: Die Plastik rechts im Bild ist eine der seltenen Darstellungen Lenins als Kind.

»Petruschkas Hochzeit« – vorgeführt vom Kostromaer Gebietspuppentheater.

»Wohnen in Holz«: Der Ikonenwinkel gehört ebenso zu russischen Holzhauswohnungen wie der Samowar.

In einem Kostromaer Café werden auf bemalten Holztafeln Säfte (links) und Wasser (rechts) angeboten.

Im Innenhof der Handelsreihen in Kostroma findet – wie in einer Karawanserei – täglich und bei jedem Wetter ein Markt statt. Im Winter frieren dann mitunter Obst und Gemüse ein.

UNTEN: In einem der umliegenden Wälder werden Elche im Freien gehalten. Anstelle von Kuhglocken haben sie Radarsender am Halsband. Erst nach der Geburt ihrer Jungen im Frühjahr geben sie Milch.

»Go west«?
An verschiedenen Plätzen und Straßen scheint die westliche Posterflut mittlerweile die ehemals kommunistischen Vorbilder zu verdrängen.

UNTEN:
Waschtag am Eis. Wenn die Wolga (von Oktober bis April) zugefroren ist, werden Löcher zum Wäschewaschen in die dicke Eisschicht geschlagen.

Im Zentrum von Kostroma trübt kein Bau aus der Zeit nach der Revolution das Stadtbild. Neben den typischen kleinen Einfamilien-Holzhäusern …

... findet man hier ebenfalls aus Holz gefertigte zweistöckige Stadthäuser mit mehreren Wohnungen.

Weiter flußabwärts nach Kostroma steht direkt am Wasser das »Wolgoretschensk« ...

... eines der größten russischen Wärmekraftwerke.

Das Tor zum Osten

Seit der Eroberung der Tatarenstadt Kasan (1552) und Astrachans an der Wolgamündung (1556) war der gesamte Lauf von Europas längstem Strom in russischer Hand: Freie Fahrt für die großen russischen Handelsherren wie etwa die Stroganows, die zwar im Norden, in der Nähe von St. Petersburg, ihren Stammsitz hatten, sich aber auch große Gebiete an der Wolga aneigneten. Ihre Domäne war die Salzförderung in den östlich der unteren Wolga gelegenen Steppengebieten, später auch im Ural. Mit ihrem Geld verschafften sie sich Einfluß und Macht. Ähnlich wie die Fugger zum Kaiser hatten sie besten Kontakt zum Zaren, dem sie Geld liehen und sich dafür ihre vor allem an merkantilen Interessen orientierten Aktionen als »staatsfördernd« verbrämen ließen...

Nischnij-Nowgorod: Die alte und neue Handelsstadt

Die berühmteste Handelsstadt des altrussischen Reiches liegt an der Mündung der Oka in die Wolga: Nischnij-Nowgorod wurde im Jahr 1932 zu Ehren des hier geborenen Maxim Gorkij in Gorkij umbenannt und erhielt nach der Auflösung der Sowjetunion den ursprünglichen Namen zurück. Die drittgrößte Stadt im europäischen Teil des russischen Staates (nach Moskau und St. Petersburg) ist zugleich eine der ältesten Städte an der Wolga. Sie wurde im Jahr 1221 gegründet, hat einen stolz dahinschreitenden Hirschen als Stadtwappen und liegt an der Grenze der klassischen russischen Besiedelung des Wolgagebiets. (Flußabwärts wurden die Ufer der Wolga schon seit alters her von anderen Völkern, die aus Asien einwanderten, bewohnt.) Nischnij-Nowgorods Kreml (wie die in Rußland typischen wehrhaften Burgstädte mit Kirchen, Klöstern und Wohnhäusern genannt werden) stammt aus dem vierzehnten Jahrhundert und wurde um das Jahr 1510 ausgebaut. Die Blütezeit der Stadt begann nach dem Sieg über die Mongolen. Als nach dem Tod Boris Godunows Moskau von Polen besetzt war und Kosakenbanden plündernd

durch das Land zogen, wurde von Nischnij-Nowgorod aus das Ende der damaligen Wirren vorbereitet. Der Stadtälteste, ein Metzger namens Kosma Minin, war bei der Aufstellung einer Volksarmee die treibende Kraft. Unter dem Oberbefehl des Fürsten Dimitrij Poscharskij vertrieb diese Armee im Jahr 1612 die Polen und schuf somit die Bedingungen für eine Landesversammlung, die einen neuen Zar wählen sollte. Die Wahl fiel auf den erst sechzehnjährigen Michael aus der Familie Romanow in Kostroma, ein Verwandter der ersten Frau Iwans des Schrecklichen, die große Popularität genossen hatte. Michaels Vater war unter der Herrschaft Boris Godunows dazu gezwungen worden, Mönch zu werden, und befand sich zu dieser Zeit in polnischer Gefangenschaft. Nach dem Waffenstillstand kam er zurück, wurde zum Patriarchen Filaret ernannt und nahm großen Einfluß auf die Regierung seines Sohnes. Kein Wunder, daß unter solchen Umständen – der Vater oberster Kirchenfürst und der Sohn Zar von Rußland – die Macht der Kirche in dieser Zeit wesentlich stärker wurde.

Vor allem der rege Handel mit Moskau, über die Oka und deren Nebenfluß Moskwa, war dem Reichtum Nischnij-Nowgorods sehr förderlich. Alle Schätze des Orients und Asiens kamen in diese Stadt, die auch durch ihre Handelsmesse (»Nischigorodskaja Jarmarka«) an Bedeutung gewann. Die russische Bezeichnung »Jarmarka« stammt ohne Zweifel aus dem Deutschen, außer den klassischen Jahrmärkten bezeichnet man damit aber auch Ladenhallen sowie ganze Messegelände und Messen. Ein Vorläufer der Handelsmesse von Nischnij-Nowgorod, der »Makarjewskajer« Jahrmarkt weiter südlich an der Wolga, entstand 1641 durch ein Dekret des Zaren. Im Jahr 1817 wurde die »Nischigorodskaja Jarmarka« an ihren jetzigen Standort an der Mündung von Wolga und Oka verlegt. Es entwickelte sich dort in der zweiten Hälfte des neunzehnten Jahrhunderts eine eigene prachtvolle Messestadt. Hier wurden die Preise der Pelzwaren für ganz Europa bestimmt. Händler und Kaufleute kamen aus den unterschiedlichsten Ländern, für Geld gab es hier nahezu alles: Getreide aus den fruchtbaren Regionen des Landes, Kaviar satt, die edelsten Pelze waggonweise, die

Im historischen »Jarmarka«-Gebäude in Nischnij-Nowgorod stehen seit einigen Jahren wieder ständig Messestände; draußen wurden Pavillons aufgebaut.

prächtigsten Seidenstoffe, Gold im Überfluß, erlesensten Schmuck, französisches Parfüm, englisches Tuch, chinesisches Porzellan und Opium, persische Teppiche, die Süßigkeiten des Orients – rundum die Kostbarkeiten dieser Welt. Neben den Reichen, Neu-Reichen und Möchtegern-Reichen zog Nischnij-Nowgorod – auch der »Geldsack Rußlands« genannt – die Abenteurer an, auch die leichten Mädchen und schweren Jungs, und vom Luxushotel bis zur Absteige gab es hier alle Varianten der Beherbergung, eine breitgefächerte Gastronomie, ein Schauspielhaus und eine Oper sowie eine Vielzahl an Bordellen. Zu welch orgiastischen Gelagen der überbordende Reichtum die Oberschicht dieser vermeintlich »guten alten Zeit« (ver)führte, illustriert ein zeitgenössischer Bericht, nach dem sich ein ungeheuer reicher Fabrikant ein Haus bauen und allein für 100000 Rubel vergoldete Möbel hineinstellen ließ. Ein großer Saal wurde von Marmorsäulen mit ebenfalls vergoldeten Kapitellen gestützt. Zur Einweihungsfeier kamen Priester und besprengten alles mit Weihwasser, ehe dann am nächsten Tag das eigentliche Fest begann, für das überall Kisten mit Champagner aufgestellt wurden. Das Saufgelage begann. Eine Kiste nach der anderen wurde geleert, und die Gäste – Männer wie Frauen – gerieten allmählich in eine solche »Freudenwut«, daß sie alles zerschlugen: Teller, Schüsseln, Gläser, Weinflaschen, Fensterscheiben. Doch damit noch nicht genug: Nun verlangte man nach Beilen, worauf der Hausherr lachend befahl, Beile herbeizubringen, damit der Saal zerstört, die Marmorsäulen zerhackt, das Parkett aufgehauen, die Leuchter zertrümmert werden konnten. Alles kreischte und lachte und freute sich, dann entfernten sich die Gäste, die noch lange von diesem herrlichen Fest sprachen. Selbst der Hausherr soll auf die Frage, was er denn von dem Ganzen halte, schmunzelnd geantwortet haben: »Wie herrlich haben wir uns amüsiert!«

Szenenwechsel, um die gleiche Zeit. Da die liberalen Reformen des Zaren Alexander II. nicht die erhofften Wirkungen hatten und durch nachfolgende Verwaltungsvorschriften wieder eingeschränkt wurden, und da auch die Aufhebung der Leibeigenschaft im Jahr 1861 den Betroffenen nicht die vollständige Unabhängigkeit brachte, die sie sich davon versprochen hatten, wuchs die allgemeine Unzufriedenheit im Land – ein idealer Nährboden für die Ideen des 1814 im Gouvernement Twer geborenen, 1876 in Bern gestorbenen Anarchisten Michail Alexandrowitsch Bakunin und die neu entstehenden revolutionären Zirkel.

Maxim Gorkij, oder: Der Name der Seele

Alexej Maximowitsch Peschkow wurde im Jahre 1868 in Nischnij-Nowgorod geboren und wuchs, früh verwaist, fast ohne Schulbildung auf. Seine Kindheit und Jugend waren bitter, weshalb er sich später Gorkij nannte (russisch »gorkij« = »bitter«). Wie tief diese Verbitterung gewesen sein muß, die dieser »Selber-Namensgebung« zugrunde lag, wird deutlich, wenn man weiß, daß die Seele nicht selten mit dem Namen identifiziert wird: »Der Name des Individuums ist seine Seele, daher die Sitte, durch Gebrauch der Ahnennamen Ahnenseelen in Neugeborenen zu inkarnieren« (C. G. Jung). Ehe Maxim Gorkij als Feuilletonist verschiedener Provinzblätter ein bescheidenes, aber immerhin gesichertes Auskommen fand, soll er nach eigenen Angaben mehr als fünfzehn Berufe und Tätigkeiten ausgeübt haben. Bis zum Jahr 1884 lebte er in Nischnij-Nowgorod, danach bis 1889 in Kasan. Sein Vagabundenleben, das ihm reichlich Stoff zum Schreiben gab, dauerte sieben Monate: Im Frühjahr 1891 ging er unter die »bosjaki«, die Landstreicher und Lumpenproletarier. In der Gesellschaft von Wolgaschleppern, entlaufenen Strafgefangenen, entlassenen Soldaten, Zigeunern und arbeitsscheuem Gesindel jeder Art und Herkunft zog er wolgaabwärts, durch den Kaukasus, entlang dem Schwarzen Meer in die Ukraine und bis nach Bessarabien – bettelnd oder sich durch Gelegenheitsarbeiten sein tägliches Brot verdienend. Als einer der vielen Namenlosen der russischen Landstraße woll-

te Gorkij auf dieser keineswegs »klassischen« Bildungsreise seine Heimat erleben und seine Mitmenschen kennenlernen. Im November desselben Jahres war er wieder in Zarizyn, dem späteren Stalingrad, wo er eine relativ geregelte Arbeit aufnahm und seine ersten Poeme und Erzählungen zu schreiben begann. Von seiner Sammlung mit zwei Dutzend Erzählungen hatte er im Jahr 1900 bereits zwei Auflagen mit mehr als 13000 Exemplaren verkauft und wurde – praktisch über Nacht – zur literarischen Sensation der Jahrhundertwende. Auch seine Erfahrungen im Vagabundenmilieu flossen in seine Werke ein (»Nachtasyl«, 1902) und machten ihn international bekannt. Angesichts des schwindelerregenden Erfolgs dieses »Provinzlers«, seiner vielen Verehrerinnen und Verehrer, sprachen Kritiker in Rußland bereits von einer »Gorkijade« – aber nicht im Sinne einer literarischen Bewegung, sondern so, als wäre dies eine Art Modekrankheit. Schüler und Studenten versuchten – wenn schon nicht im »wirklichen« Leben, so doch zumindest in ihren Ferien – ein Leben wie Gorkijs Gestalten zu führen: »Wer nicht fortziehen konnte, richtete sich wenigstens zu Hause ein Leben wie ein Landstreicher ein: Man setzte sich in Boote auf der Wolga, zündete Lagerfeuer an, trank Wodka, sang Lieder von Stenka Rasin und philosophierte auf grünem Rasen« (Alexej Nikolajewitsch Graf Tolstoj).

Maxim Gorkij nannte sich einen »poetischen Realisten« und war Anarchist sowie zeitweise ein bewußter Marxist. In vielen seiner Erzählungen, Dramen und Romane geht es um den Verfall der russischen Gesellschaft in der Zeit vor der Revolution. Er schrieb den (später von Bertolt Brecht dramatisierten) Roman »Mutter«, der zum klassischen Muster des »Sozialistischen Realismus« wurde: Positive Helden verkörpern symbolisch den zukünftigen Sieg des Sozialismus und verkünden mit heroischem Optimismus allen arbeitenden Menschen ein glückliches neues Leben unter der sozialistischen Flagge. Damit trug der 1936 in Moskau gestorbene Dichter, zu dessen bedeutendsten Werken seine autobiographische Trilogie zählt (»Meine Kindheit«, »Unter fremden Menschen«, »Meine Universitäten«), dazu bei, das kommunistische System im russischen Volk zu etablieren.

Doch ob der einst mit Lenin befreundete Dichter (den er später wegen des Terrors und wegen der Verfolgung von Kulturschaffenden kritisierte) damit einverstanden gewesen wäre, daß seine 1932 nach ihm benannte Geburtsstadt während des Kalten Krieges jahrzehntelang wegen der dort beheimateten Rüstungsindustrie für Ausländer gesperrt war? Darüber mag man trefflich streiten – oder, noch besser, an »seinem« Fluß, der Wolga, vor sich hin philosophieren...

Andreij Sacharows in der Sowjetunion unbeantwortet gebliebene Vorschläge für Veränderungen im Staat, die durch eine Veröffentlichung im Ausland zu seiner Verbannung nach Gorkij führten (vom Januar 1980 bis Dezember 1986), waren ein Beitrag zu Glasnost und Perestrojka, mit deren Hilfe Nischnij-Nowgorod heute wieder eine frei zugängliche Stadt mit internationaler Bedeutung und ihrem alten Namen wurde.

Moderne Zeiten

Die heute von Industrie geprägte Millionenstadt verfügt über alle Voraussetzungen für Handel und Verkehr: Sie liegt an der Eisenbahnlinie Moskau–Kirow–Perm, die die Schätze des Mittel-Urals in den Westen befördert, an der Schnellstraße Moskau–Kasan, und sie hat nicht zuletzt den wohl bedeutendsten Wolgahafen. Hier befindet sich auch die Wolga-Auto-Fabrik, in der die berühmten russischen Automobile hergestellt werden – mit allem, was dazugehört: Arbeitsplätze, Arbeitersiedlungen, Hochhäuser; verdreckte Luft und trübes Wasser – und einem sehenswerten Automuseum, in dem der motorisierte Stolz der Landstraße zu besichtigen ist. Die Idee des ehemaligen Gouverneurs der Region, Boris Nemzow, anstelle ausländischer Wagen wie denen von Mercedes wieder »die Wolgas und ihre Brüder« als Staatswagen einzusetzen, sollte wenigstens hier auf Begeisterung stoßen, da die Absätze einheimischer Industrieprodukte erheblich gesunken sind.

Auch als Messestadt möchte Nischnij-Nowgorod Anschluß an die neuen Zeiten finden. Die alte Messe wurde – nach sechzig Jahren Pause – wieder prachtvoll restauriert und durch neue Hallen erweitert, um den Bedürfnissen einer modernen internationalen Messestadt genügen zu können. Seit 1991 gibt es also den »Nischigorodskaja Jarmarka« wieder – und wie es aussieht, soll damit auch der Stolz auf die alten Zeiten und die lange Tradition eines nostalgischen Anziehungspunktes wiederbelebt werden. So erstrahlt die zum dreihundertjährigen Jubiläum der Romanow-Dynastie eröffnete prachtvolle Bank in ihrem alten Glanz, einschließlich der zaristischen Doppeladler und der prunkvoll verzierten Kuppel. Für das leibliche Wohl internationaler Gäste sorgen Restaurants in verschiedenen Preisklassen, die zum Abendessen üblicherweise auch Live-Musik anbieten. Nur manchmal hört man das ebenso schöne wie traurige Volkslied, in dem Nischnij-Nowgorod nicht bloß die Stadt der Händler und Sozialkritiker ist, sondern auch die von Menschen mit großem Liebeskummer:

Auf der Wolga kommt von Nischnij-Nowgorod
mit dem Strom daher
pfeilgeschwind ein Boot
rasend schnell daher.

Ist gar wohl gerüstet,
sieht so schmuck sich an.
Und an Rudrern zählt es
zweiundvierzig Mann.

(Alle im Boot sind heiter, bis auf einen, dessen Liebste gestorben ist und der seine Freunde bittet:)

Werft mich in der Wolga
kühle Flut hinab,
daß mein Schmerz und Gram
find ein stilles Grab!

Lieber auf der Wolga
tiefstem Grund zu sein,
als so weiterleben,
einsam und allein!

Im Dämmerlicht verstärkt sich die imposante Farbwirkung der gerade erst restaurierten Alexander-Newskij-Kathedrale in Nischnij-Nowgorod – an der Mündung der Oka in die Wolga.

Im Zentrum der Macht (des Kapitals): Aus Anlaß des dreihundertjährigen Bestehens der Romanow-Dynastie wurde 1913 in Nischnij-Nowgorod …

… die russische Zentralbank errichtet. Heute ist dort eine Filiale untergebracht.

In der Autofabrik »Wolga« wird nicht nur der berühmte
»Wolga-PKW« produziert, sondern
auch der gleichnamige Kleintransporter.
Von der Arbeit am Fließband und in den vollautomatisierten
Fertigungsstraßen erholt man sich in den Schicht-
pausen bei einer Partie Schach.

Eine Stadt für sich ist das riesige »Wolga«-Fabrikgelände. Im berühmten Automobilmuseum werden verschiedene Modelle aus der Gründerzeit des Unternehmens bis zur Gegenwart präsentiert – darunter auch dieses hochglanzpolierte Aushängeschild für Diplomaten.

In Balachna, bei Nischnij-Nowgorod, steht inmitten eines veralteten Fabrikgeländes eine 1994 in Betrieb genommene, 120 Meter lange und circa ...
Weltbank finanziert wurde und auch den höchsten Anforderungen des Umweltschutzes Rechnung trägt. Mit einer Betriebsgeschwindigkeit von ...

... zehn Meter breite Papiermaschine (Balachna PM 8) der Firma Voith Sulzer, die von einem deutsch-österreichischen Bankenkonsortium und der
... 1700 Metern pro Minute können hier jährlich 280 000 Tonnen Zeitungspapier hergestellt werden.

Völker und Religionen

Nach Nischnij-Nowgorod fließt die Wolga durch Gebiete, die historisch stärker durch den Einfluß aus dem Osten geprägt sind als durch das alte Rußland. Südöstlich von Nischnij-Nowgorod lebten um das Jahr 1000 die sogenannten Wolgabulgaren, ein finno-turkisches Volk. Sie zogen teilweise in den Norden, teilweise vermutlich nach Südwesten. Durch die Völkerwanderungen und andere geschichtliche Ereignisse verschoben sich die Siedlungsgebiete einzelner Stämme beträchtlich, die nachfolgenden lokalen und überregionalen Eroberungskriege legten die Grenzen fest.

Zu Zeiten der Sowjetunion bekamen einzelne Völker in diesem Gebiet das Recht, auch innerhalb des Staatsgefüges ihre Kulturhoheit zu wahren. Dieser Status einer sogenannten »Autonomen Sowjet-Republik« (ASSR) glich in der Praxis freilich stets einem »Tanz auf Eiern«, und es ist anzunehmen, daß zukünftig in einigen dieser (zum Teil am Mittel- und Unterlauf der Wolga liegenden) Gebiete größere Entscheidungsbefugnisse bei allen die Region direkt oder indirekt betreffenden Beschlüssen verlangt werden.

Mari El und die Mari

Die Republik Mari El beginnt kurz nach Nischnij-Nowgorod, liegt zu beiden Seiten der Wolga und hat weniger als eine Million Einwohner bei einer Fläche von der Größe Hessens. Pro Quadratkilometer leben hier durchschnittlich dreiunddreißig Menschen. Obwohl zur Hälfte bewaldet, bietet das Gebiet der Mari gute landwirtschaftliche Nutzflächen. Durch den Bau des Wolga-Stausees für das Wasserkraftwerk in Tscheboksary wurden allerdings wertvolle Agrargebiete überflutet. Zu

Verschiedene Völker, verschiedene Traditionen: Herzlich willkommen zum Sabantui-Fest in Kasan heißen uns diese hübschen »Kulturbotschafterinnen« in (von links nach rechts) tatarischer, russischer, tschuwaschischer, Mari- und zuletzt wieder in tatarischer Tracht.

Sowjetzeiten war in Mari El sehr viel Rüstungsindustrie angesiedelt. Nun bleiben die großen Aufträge aus, und die dadurch drohende Arbeitslosigkeit verschärft hier wie in allen früheren Autonomen Republiken das nationale Problem. Zwar laufen bereits die ersten staatlichen Umstellungsprogramme – so werden zum Beispiel in den hiesigen elektrotechnischen Betrieben inzwischen Industriekühlschränke hergestellt –, aber ob diese Programme ausreichend sind, wird wohl erst die Zukunft zeigen.

Die östlich der Wolga gelegene Hauptstadt von Mari El, Joschkar Ola (rund 242000 Einwohner), bildet mit den Hauptstädten der angrenzenden tschuwaschischen ASSR, Tscheboksary, und der tatarischen ASSR, Kasan, ein Dreieck von etwa hundert Kilometern Seitenlänge. In allen drei autonomen Gebieten wird die Pflege der Traditionen als eine wichtige kulturelle Aufgabe angesehen. Nicht nur die Heimatmuseen der Regionen zeugen davon. Besonders eindrucksvoll und farbenreich sind die Feste, die unter großer Anteilnahme der Bevölkerung gefeiert werden.

Das Volk der Mari (früher: Tscheremissen) stellt dreiundvierzig Prozent der Bevölkerung von Mari El und wird den ostfinnischen Völkern zugeordnet. Es dürfte ebenso wie die Tschuwaschen von den Wolgabulgaren abstammen – jenem Finno-Turk-Volk, von dem ein Teil vermutlich einmal Finnland besiedelt hat (die Turkvölker kamen ursprünglich aus Asien, wo einige von ihnen in Turkmenistan seßhaft wurden, während andere Stämme nach Westen in das Wolgagebiet wanderten. Wieder andere zogen nach Süden und vermischten sich mit dortigen Völkern, die später den Namen Türken erhielten). Trotz der formellen Zugehörigkeit zur orthodoxen russischen Kirche haben sich in der Religion noch viele vorchristliche und schamanitische Elemente erhalten.

Leider verlor jedoch die eigene Sprache der Mari im Lauf der Geschichte immer mehr an Gewicht und wird selbst in der Hauptstadt an keiner Schule mehr gelehrt; Russisch ist dort heute die Landessprache.

Tschuwaschien und die Tschuwaschen

Tschuwaschien gilt als das »Land der 100000 Lieder, der 100000 Wörter und der 100000 Stickereien«. Die tschuwaschische Hauptstadt Tscheboksary wurde 1469 erstmals erwähnt und ist seit dem Jahr 1555 eine Festung Moskaus. Zur Stadt erhoben wurde Tscheboksary aber erst mehr als zweihundert Jahre später, 1781. Aus dem sechzehnten Jahrhundert stammt das Dreieinigkeits-(Troitskij-)Kloster, aus dem siebzehnten ein Glokkenturm der Kathedrale. Ein weiterer Anziehungspunkt für Besucher ist das schöne Heimatmuseum der Universitätsstadt, in der es für die nur etwa 400000 Einwohner immerhin fünf Theater gibt. Die Bevölkerung der ganzen Republik zählt nur knapp eine Million Menschen, davon fast siebzig Prozent Tschuwaschen.

Die Tschuwaschen sind ein Turkvolk aus der Finno-Turk-Besiedlung im frühen Mittelalter am großen Wolgaknie, das mit anderen Völkern der Region im dreizehnten Jahrhundert unter die Herrschaft der sogenannten »Goldenen Horde« geriet und nach deren Zerfall unter das tatarische Chanat von Kasan. Seit der Eroberung Kasans durch Iwan IV. gehörten die Tschuwaschen zum russischen Zarenreich, gegen dessen Unterdrückung sie sich durch ihre Beteiligung an den

Die rubelverzierten »Amazonen-Mützen« sollen die Tschuwaschen auch vor »ungünstigen kosmischen Einflüssen« (»Strahlen aus dem All«) schützen.

Aufständen des Stenka Rasin (1667–71) und des Jemeljan Pugatschew (1773–75) wehrten. Die Sprache der Tschuwaschen ist eine sehr alte Turksprache, die üblicherweise mit kyrillischen, inzwischen manchmal auch mit lateinischen Buchstaben geschrieben wird. Ihre Religion ist teilweise russisch-orthodox, teilweise islamisch und teilweise eine atheistische Naturreligion mit matriarchalischen Zügen. In ihrer Volkstracht tragen die Frauen außer viel Stickerei auch einen amazonenhaften Kopfputz mit viel Metall.

Tatarstan und die Tataren

Auf dem Weg nach Kasan, Hauptstadt der Tatarischen Republik Tatarstan, liegt in der Wolga eine kleine Insel namens Swiask, mit einer Kirche, einem Kloster und einigen Häusern. Einziges Verkehrsmittel ist ein Motorrad mit Beiwagen für Lasten. (Im Bedarfsfall steigt aber auch die »Babuschka« dort ein.) Heute wirkt dieser Ort wie die berühmte »einsame Insel«, auf die man sich vom Trubel der Welt zurückziehen kann. Doch hier ging es nicht immer so idyllisch zu: Früher war das Kloster eine Festung, die unter Stalin als Gulag mißbraucht wurde.

Tatarstan ist der Vorreiter unter den Souveränität und politische Eigenständigkeit fordernden neuen Republiken der russischen Föderation. Verträge sollen das bilaterale Zusammenleben mit den anderen unabhängigen Staaten regeln. Am 6. November 1992 wurde eine neue Verfassung angenommen, die Tatarstan zum souveränen Staat deklariert – mit doppelter Staatsbürgerschaft: tatarisch und russisch. War bis dato Russisch die Staatssprache, so sind jetzt beide Sprachen gleichberechtigt, und alles Offizielle ist zweisprachig. Wer – wie die ortsansässigen Russen, die meist kein Tatarisch können – nur eine Sprache spricht, hat deshalb kaum noch Karrierechancen.

Die Tataren, früher auch »Tartaren« genannt, sind ein islamisches Volk; eine Mischung aus Wolgabulgaren, zugewanderten Mongolen und den asiatischen Turkvölkern. Kein anderes Volk an der Wolga erreichte eine solche geschichtliche, emotionsbeladene Bedeutung wie die Tataren. Ihr beliebtestes Volksfest ist das jährlich im Juni stattfindende Sabantui-Fest. Es wird an verschiedenen Orten und zu unterschiedlichen Zeiten gefeiert – das letzte Sabantui-Fest findet Ende Juni in Kasan statt, alle anderen in der Region schon früher im Monat. Dazu kommen die Leute aus der ganzen Umgebung herbei. Sie singen und tanzen, und den Höhepunkt bildet ein Ringkampf ganz eigener Art, bei dem eine Art langer Schal um die Hüften der Kontrahenten geschlungen wird. Nur an diesem Band darf der Gegner gezogen werden; wer es schafft, diesen Gurt zu ergreifen und mit einem gut angesetzten Ruck den Träger auf den Rücken zu werfen, ist der glückliche Sieger. Dem Gesamtsieger des Wettbewerbs wird übrigens später ein lebender Hammel für die Siegerpose über die Schultern gelegt, den er anschließend mit seinen Freunden schlachten und verspeisen kann.

Kasan, das Leben und die Liebe

Kasan, an der Mündung der Kasanka in die Wolga gelegen, soll schon in der zweiten Hälfte des dreizehnten Jahrhunderts existiert haben und wurde im Jahr 1438 zu einem selbständigen Chanat ernannt. Auch in der kulturell wie wirtschaftlich herausragenden heutigen Millionenstadt Kasan begegnet einem die Geschichte noch »auf Schritt und Tritt«. Aufgrund seiner exponierten Lage – als Tor zum Ural im Osten, auf dem Weg von Asien nach Europa und zwischen dem fischreichen Kaspischen Meer und Rußland an der Wolga gelegen – war Kasan sehr oft das Ziel von Eroberungsfeldzügen. Nach dem Zerfall der »Goldenen Horde« und dem Ende der Mongolenherrschaft führte Zar Iwan IV. (»der Schreckliche«) in den Jahren 1535 bis 1550 Krieg gegen Kasan und eroberte es schließlich 1552.

Zur Erinnerung an diesen Sieg wurde in Moskau die Basilius-Kathedrale (Pokrowski Sobor, 1555–1560) am Roten Platz erbaut.

Schon im Jahr 1552 ließ man in Kasan eine Kathedrale errichten und begann mit dem Bau eines Kremls. Nach verhältnismäßig ruhigen Zeiten und der Einschränkung der Kirchenrechte unter Peter I. folgte Jahrzehnte nach seinem Tod unter der Regierung seiner frömmelnden Tochter Elisabeth ein vehementer Versuch, die moslemische Bevölkerung zu unterwerfen.

Im Zuge der allgemein verordneten massiven Christianisierung der Tataren wurden in den Jahren 1740 bis 1743 Hunderte von Moscheen im gesamten Gouvernement zerstört. Viele Tataren wanderten aus, ehe Kasan im Jahr 1774 von Pugatschews Heer niedergebrannt und unter Katharina II. wieder aufgebaut wurde. Im Jahr 1804 gründete man in Kasan eine Universität. Ihrem wohl berühmtesten Studenten, Lenin, wurde hier ein Denkmal gesetzt, das sich von anderen dadurch unterscheidet, daß es ausnahmsweise einmal den jungen Lenin zeigt. (Maxim Gorkij, der hier ebenfalls studieren wollte, wurde von der Universität abgelehnt.) Der Grad der Alphabetisierung war im neunzehnten Jahrhundert unter der tatarischen Bevölkerung des Gouvernements höher als unter der russischen.

Zu den vielen Sehenswürdigkeiten von Kasan zählen die berühmte Martschani-Moschee, die Peter-Paul-Kathedrale, ein riesiger Kreml mit mächtigen Toren, ein Denkmal für den tatarischen Dichter Musa Dschalil (der 1944 in Plötzensee hingerichtet wurde), mehrere Klöster, 60 Kirchen, ein neuer Konzertsaal des Konservatoriums mit phantastischer Akustik, ein Schaljapin- und Gorkij-Museum und vieles andere mehr. Am beeindruckendsten aber ist die malerische Buntheit und Lebendigkeit dieser Stadt. Ganz Kasan ist ein Markt, im gewaltigen Hafen herrscht ein ewiger Verkehr der Motorboote (die das wichtigste Verkehrsmittel der Bewohner wie der Besucher, Händler und Kleinhändler sind). Die Leute kommen von weit her mit dem Schiff und bringen ihre Produkte zu den Märkten. Dort sieht man tatarische Männer ausdauernd auf ihren Fersen hocken, mit angewinkelten Knien in einer Haltung, daß manchem schon beim Betrachten die Beine einschlafen, und einer jahrhundertealten Tradition zufolge tragen viele Leute ihre Waren noch in Körben, die außen an einem Tragebügel hängen, der im Nacken über die Schultern gelegt wird.

Für den Wolgareisenden mag das alles einen überaus reizvollen, zugleich aber fremden, manchmal auch befremdlichen Eindruck machen. Aber vermutlich erginge es einem auf der Donau reisenden Tataren mit deutschen Sitten und Gebräuchen nicht viel anders. »In der Welt nach dem Kalten Krieg zählen Flaggen und andere Symbole kultureller Identität wie Kreuze, Halbmonde und sogar Kopfbedeckungen; denn Kultur zählt, und kulturelle Identität hat für die meisten Menschen höchste Bedeutung... Ein weltweiter Kampf der Kulturen kann nur vermieden werden, wenn die Mächtigen dieser Welt eine globale Politik akzeptieren und aufrechterhalten, die unterschiedliche kulturelle Wertvorstellungen berücksichtigt« (Samuel P. Huntington).

Wie ernst zum Beispiel auch die Liebe der Tataren zu ihrem Land, ihrer Kultur zu nehmen ist, zeigt die folgende Legende über den Schiefen Turm von Kasan: Nach der Eroberung der Stadt gefiel dem Großfürsten die Tatarenprinzessin Sujun Beka so gut, daß er sie heiraten und nach Moskau mitnehmen wollte. Doch sie bat ihn, ihr zuvor einen Turm bauen zu lassen, von dem aus sie noch einmal über das ganze Land blicken könne, das bis dahin ihre Heimat war. Ihr Wunsch wurde erhört, aber die Prinzessin war enttäuscht, denn der Turm war ihr nicht hoch genug. Also wurde er aufgestockt, aber er war der Prinzessin noch immer nicht hoch genug. Sie flehte um ein weiteres Stockwerk, worauf der Großfürst gnädig noch zwei Stockwerke auf den Turm setzen ließ und meinte, jetzt sei es aber genug. Daraufhin stieg die Prinzessin ganz nach oben auf den Turm, breitete die Arme aus, blickte über das Land – und stürzte sich hinab.

Blick vom obersten Stockwerk des Intourist-Hotels über die teilweise noch erhaltene Altstadt von Kasan, mit der Peter-Paul-Kathedrale im Hintergrund rechts.

In diesem tschuwaschischen Dorf bei Tscheboksary scheint die Zeit stehengeblieben zu sein. Ein Großteil der Bevölkerung lebt in kleinen Ansiedlungen auf dem Lande, in denen (wie in den übrigen Republiken der russischen Föderation) meist auch ein Denkmal an den »Unbekannten Soldaten« erinnert.

RECHTE SEITE: Gruppenbild mit Dame(n). Im ganzen Land ist es üblich, nach der Trauung das obligatorische Hochzeitsfoto vor dem Heldendenkmal aufnehmen zu lassen – wie hier über dem Hafenbecken von Tscheboksary.

ГЕРОЯМ
1941

Im Gorkij-Museum in Kasan kann man die ehemalige Backstube besichtigen, in der der Dichter einst gearbeitet hat.

Nach Geschlechtern getrennt beten Männer und Frauen
zum selben Gott, aber in verschiedenen Räumen (wie hier
in der berühmten Martschani-Moschee von Kasan).
Zu den Errungenschaften von Glasnost und Perestrojka
gehört die Glaubensfreiheit; die Trennung
von Kirche und Staat gilt weiterhin.

Der große Markt in Kasan als ein »Treffpunkt der Kulturen«: Wie eh und je bieten hier vor allem Kleinbauern und private Händler Produkte aus dem Garten oder dem Wald, aus dem Kaukasus, aus Asien, aber auch aus dem westlichen Ausland an.

Stolz posiert dieser junge tatarische Tänzer in einem prachtvoll gestickten und applizierten Umhang.

»... denn in deinen Augen habe ich die ganze Welt gesehn« (Jewgenij Jewtuschenko).

Wie ein riesiger Walfischrücken ragt die Insel Swiask von weitem sichtbar aus den Wolgawellen. Zu Stalins Zeiten als »Gulag« mißbraucht, …

… begegnet man hier heute fast schon idyllisch anmutenden Szenen.

Beim tatarischen Ringkampf stehen sich die Gegner zuerst in einer nach vorne gebückten Haltung gegenüber und halten sich an den Enden des um ihre Rücken gebundenen Schals fest. Dann versuchen beide durch einen schnellen Zug den Gegner zu sich zu ziehen, um diesen mit einer Körperdrehung, meist mit einem lauten Schrei verbunden, auf den Rücken zu werfen.

Das Sabantui-Fest heißt in der tatarischen Sprache soviel wie »Ackerfest« und wird im Sommermonat Juni an vielen Orten in Tatarstan gefeiert – zuletzt gegen Ende des Monats in Kasan. Dabei finden neben Ringkämpfen auch Pferderennen und andere Wettbewerbe statt.

ЦЕРКОВНАЯ ЛАВКА

Harte Arbeit ist in Rußland nicht nur Männersache: Frauen beim Mörtelmischen vor der Peter-Paul-Kathedrale in Kasan (linke Seite unten).

In einem Kasaner Pelzwerk werden die später stolz vorgeführten (rechts) Schaffellmäntel in mühevoller Handarbeit zugeschnitten und zusammengenäht (unten).

Aber der Direktor der Nationalen Schuhfabrik in Arsk bei Kasan (linke Seite oben) ist – natürlich? – ein Mann...

Das Erbe der Revolution

Zwischen Kasan und Samara, dem sowjetischen Kuibyschew, wird die Wolga durch ein Stauwerk fast selbst zum Kuibyschewer Stausee. Ein mächtiger Fluß, die Kama – aus dem Osten, von der Westseite des Ural her kommend –, liefert das Wasser für den See. Die Wolga hat damit die häufig sumpfigen Gebiete ihres nördlicheren Teils verlassen, und bevor sie nun in den karg-trockenen Teil des Südens strömt, fließt sie in diesem Abschnitt, dank der Wasserspeicher, durch gutes Getreideland. Aber auch an E-Werken und großen Städten mit ihren Fabriken gleitet die Wolga vorüber. Auf halbem Weg zwischen Kasan und Simbirsk liegt eine kleine Ortschaft namens Bulgar. Hier war im frühen Mittelalter das Zentrum der bereits erwähnten Wolgabulgaren. Im Jahr 966 fand in Bulgar eine Schlacht statt, die von Swjatoslaw, dem Sohn der später heilig gesprochenen Fürstin Olga, angeführt wurde. Weitere Überfälle auf das damals von den Wolgabulgaren im Osten und von den Petschenegen im Süden bedrohte altrussische Reich konnten verhindert werden.

In Lenins Kinderstube

In dem früher nur sehr dünn besiedelten Gebiet an der mittleren Wolga hat sich durch die forcierte Industrialisierung nach der Revolution sehr viel geändert. So ent-

Revolutionäre Phantasien in Lenins Kinderzimmer? Wladimir Iljitsch Uljanows Kinderstube (kleines Bild) liegt im ersten Stock seines …

… Elternhauses (rechts das ebenfalls im oberen Stockwerk gelegene Wohnzimmer) in Simbirsk (ehemals: »Uljanowsk«).

stand in der einstmals vor allem kleinbäuerlich genutzten Region das größte Industriegebiet an der Wolga. Landwirtschaft wird hier inzwischen großflächig betrieben, was die riesigen Stauseen ermöglichen, die dem Boden auch in trockenen Sommern genügend Wasser zuführen. Mitverantwortlich für diese einschneidenden Veränderungen war ein Sohn dieser Gegend: Wladimir Iljitsch Uljanow, der am 22.4.1870 in Simbirsk geborene Sohn eines adligen Schulinspektors, dessen Geburtshaus heute ein Museum ist. Bereits während seiner Schulzeit kam Uljanow mit den neuen revolutionären Bewegungen in Berührung. Er studierte Jura und wurde Advokat in St. Petersburg, wo er sich intensiv an der Vorbereitung der Revolution beteiligte, weshalb man ihn in den Jahren 1896 bis 1899 nach Sibirien verbannte. Trotzdem blieb er ein Revolutionär, nannte sich »Lenin« und wurde schließlich zum Gründer der Sowjetunion, deren Regierungschef er bis zu seinem Tod im Jahr 1924 blieb. Noch im selben Jahr wurde seine Geburtsstadt Simbirsk in Uljanowsk umgetauft, und St. Petersburg – der ehemalige Regierungssitz des Zaren Peter I., der einst Rußland in die Moderne hatte führen wollen und doch den alten Methoden stark verhaftet blieb – wurde nun in Leningrad umbenannt. Allein die Wolga, »Mutter Rußland«, veränderte zwar nicht ihren Namen, aber ihr Aussehen.

Weiter flußabwärts, kurz hinter Lenins Geburtsstadt, fand die Bewegung eines anderen Revolutionärs ihr gewaltsames Ende. Populär ist er allerdings noch heute, und jeder, der die Wolga besucht, sieht seine Denkmäler und muß das berühmteste Wolgalied über sich ergehen lassen, das seine Geschichte erzählt: Stepan (Stenka) Rasin war ein Don-Kosake, der mit einer Schar von Anhängern aus der Region legendäre Heldentaten vollbracht haben soll. Als eine Art russischer »Robin Hood« proklamierte er die Freilassung der Leibeigenen, überfiel bei Raubzügen an der unteren Wolga und entlang dem Kaspischen Meer Beamte und Landbesitzer, plünderte sie aus und tötete sie. Immer mehr Anhänger fanden sich unter den Unterdrückten, so daß die Regierung Truppen aussenden mußte, um seiner habhaft zu werden. Im Jahr 1670 erlitten dann Rasins Truppen bei Simbirsk eine schwere Niederlage. Zwar konnte sein Stützpunkt in Astrachan noch eine Zeit lang gehalten werden, aber dann nahm man Stenka Rasin gefangen und ließ ihn in Moskau enthaupten. Dennoch lebt Rasin in ungezählten Legenden weiter als ein Mann, der Rußland Freiheit und Frieden bringen wollte. Sogar internationalen Bekanntheitsgrad erreichte das Volkslied »Stenka Rasin«, das inzwischen nicht nur an der Wolga zum klassischen russischen Volksliedgut zählt. Vom schönen Klang der Worte und der getragenen Melodie verzaubert, sollte man sich allerdings keine Illusionen über den »Chauvi«-Inhalt dieses Liedes machen: »Auf der Wolga breiten Fluten«, beginnt der Text, »durch das enge Inseltor / bricht auf bunt bemalten Booten / Stenka Rasins Schar hervor. / Auf dem ersten, mit der Fürstin, seiner schönen Perserin, / fährt nach festlich heit'rem Mahle froh gestimmt er selber hin…«

Die Kumpane, offensichtlich unbeweibt, grollen, daß Rasin anscheinend eines Weibes wegen die Not, gegen die sie kämpfen wollen, vergessen habe. Als Stenka Rasin das hört, erwacht der alte Kämpfer und Kosaken-Ataman (Anführer) wieder in ihm. Er ruft: »Wohl – zum Opfer will ich bringen, / was mir lieb auf dieser Welt!«

Daraufhin umarmt er seine schöne Frau, die nicht weiß, wie ihr geschieht, und ruft die berühmten Worte, die ständig im Zusammenhang mit russischem Nationalgefühl und der Wolga zitiert werden: »Wolga, Wolga, teure Mutter (Wolga, Wolga, Matj rodnaja) / Wolga, Rußlands edler Strom (Wolga, russkaja ryka).«

Schließlich fährt er fort: »Nie ward dir ein Geschenk wie dieses von einem Don-Kosaken gemacht« und wirft seine Geliebte in den Fluß. Während sie sogleich von den Fluten davongetragen wird, fordert Stenka Rasin seine Gefährten auf, nicht den Kopf hängen zu lassen, sondern zu tanzen und für ihre Seele ein Lied mitzusingen. »Auf der Wolga breiten Fluten / Durch das enge Inseltor / Bricht auf bunt bemalten Booten / Stenka Rasins Schar hervor« …

Togliatti und Samara

An der Wolgaschleife liegt mit Togliatti (russisch: Toljatti) und Samara eines der bekanntesten und größten Industriegebiete Rußlands.

In Togliatti wird seit 1970 der »Schiguli«, der »russische Fiat«, gebaut. Rund 130000 Mitarbeiter arbeiten in den Produktionsanlagen, die in Zusammenarbeit mit der italienischen Firma Fiat errichtet wurden.

Wie viele andere Städte hat auch Samara zwei Namen. Der sowjetische Name ist Kuibyschew. Hierhin siedelte am 16. Oktober 1941 die gesamte Regierung um, nachdem die deutsche Armee in die Sowjetunion einmarschiert war. In der umliegenden Region ist die Flugzeugindustrie ein weiterer wichtiger Wirtschaftsfaktor. Die östlich von Samara gelegenen, sehr dünn besiedelten und trockenen Gebiete sind ein ideales und mit einer Entfernung um die tausend Kilometer noch relativ nahe an Moskau gelegenes Gelände für Flugtests. Auch die Entwicklung und Vorbereitung von Weltraumflügen wird hier betrieben. Die Universität für Luftfahrt in Samara, mit einem großen Astronautenmuseum, ist nach S. P. Korolew benannt, dem Begründer der Angewandten Astronautik. Das Museum würdigt ihn, seine Kollegen und die immense Leistung der Techniker, die es ermöglichten, daß die Sowjetunion lange Zeit die Weltspitze in der Raumfahrttechnik innehatte. Einige Zeit lebte auch Maxim Gorkij in Samara, wo er unter einem Pseudonym Satiren für eine Zeitung schrieb. Deshalb wurde das Dramatische Theater nach ihm benannt, und in sein damaliges Wohnhaus ist ein Literaturmuseum eingezogen.

37 Meter tief unter der Erde liegt dieser »Stalinbunker« in Samara, der als unterirdische Kommandozentrale errichtet wurde.

»Togliatti«: Eine der größten Autofabriken der Welt mit rund 100 000 Beschäftigten liegt in einer großen Wolgaschleife, an der flachen Uferregion gegenüber den Togliatti-Bergen. Absatzprobleme wegen der offenen Grenzen und der harten Konkurrenz auf dem internationalen Markt gefährden die Arbeitsplätze sowie den Fortbestand dieser gigantischen Produktionsstätte.

Kurz nach Togliatti, noch vor Samara beim »Stenka-Rasin-Hügel«, liegt das Dorf »Wolschkij«, wo »der russische Robin Hood« gleich unten am Fluß und auf der Schiguli-Halbinsel ein winterfestes Basislager unterhielt.

Winterstimmung in Samara: Das Denkmal vor dem Theater erinnert an Wassilij Iwanowitsch Tschapajew, den Anführer der siegreichen ...

… Reiterarmee im »nachrevolutionären« Bürgerkrieg des Jahres 1918.

In der Staatlichen Luft- und Raumfahrt-Universität S. P. Korolew in Samara . . .

. . . ist auch das Staatliche Raumfahrtmuseum zu besichtigen.

Frauen vor (Wolga-)Flußlandschaft: Im Studio des Malers H. Bikulov in Samara.

Vom Schicksal der Wolgadeutschen

Unter der Zarin Katharina II. (»die Große«), der deutschen Prinzessin Sophie von Anhalt-Zerbst, wurden im Jahr 1764 an der Wolga in größerem Umfang Deutsche angesiedelt, die ihre Heimat wegen der Not und dem Elend nach dem Siebenjährigen Krieg verlassen mußten. Neben der Armut war auch die Mißachtung ihrer religiösen Anschauungen ein Grund dafür, daß sie nach Rußland zogen, wo den allen möglichen Glaubensrichtungen angehörenden Siedlern freie Religionsausübung zugesichert wurde. In Rußland erwartete man von den später so genannten Wolgadeutschen, daß sie das Land urbar machten und durch ihre Anwesenheit neue Überfälle der Nomadenvölker aus dem Osten verhinderten.

Nach Überwindung der anfänglichen Schwierigkeiten vermehrten sich die Wolgadeutschen sehr rasch und bildeten deutsche Tochterkolonien mit einem eigenen Gemeinwesen. Gesprochen wurde der im wesentlichen mündlich übertragene ursprüngliche Dialekt, da die Schulzeit für Bauernkinder damals nicht sehr lang war – nicht anders als in Deutschland: Schließlich benötigte man ihre Mitarbeit auf den Feldern. Mit zunehmend knapper werdendem, anbaufähigem Boden wurden die Privilegien der Siedler beschnitten, weshalb manche von ihnen (vor allem Angehörige strenggläubiger Sekten) weiter nach Osten zogen, um dem Einfluß der Regierung zu entfliehen. Ab dem Jahr 1871 galten für die – nun den russischen Bauern gleichgestellten Siedler – auch die russischen Gesetze. Trotzdem kam es zu keinen engeren Beziehungen; die Siedler und Bauern lebten im allgemeinen friedlich nebeneinander her. Auch zu Deutschland hatte man kaum noch – politische – Beziehungen, obwohl das den Siedlern bei Auseinandersetzungen zwischen Rußland und Deutschland angelastet wurde. Zur Hauptstadt der bereits im Jahr

Nächtliche Impressionen: Das Rathaus von Saratow.

1923 in den Wirren der Revolution ausgerufenen »Autonomen Sowjetrepublik der Wolgadeutschen« wurde die Stadt Pokrowsk (ab 1931: Engels), gegenüber Saratow am Wiesenufer der Wolga gelegen. Deutsch war die Amtssprache in der Wolgarepublik, es gab deutsche Schulen und Hochschulen, Theater, einen Staatsverlag und Zeitungen. Selbst in den Jahren der Revolution blieb man hier verhältnismäßig unpolitisch. Doch als in den dreißiger Jahren dieses Jahrhunderts von der Moskauer Zentralregierung die Kollektivierung der Landwirtschaft durchgesetzt werden sollte, wehrten sich die Wolgadeutschen. Deshalb galten sie unter Stalin als Kulaken, als Großbauern, und wurden häufig Opfer des Terrors dieser Zeit. Aber trotz der Reduzierung der deutschen Nationalkreise blieb die Verwaltungseinheit der Wolgarepublik als einziges deutsches Gebiet auch nach den Jahren 1938/39 bestehen. Erst im August 1941, kurz nach dem Einmarsch der deutschen Armee in die Sowjetunion (22. Juni), wurde sie aufgelöst, und ihre Bewohner wurden nach Kasachstan, Sibirien und Zentralasien deportiert.

»Naturgekühlt«: Fischverkauf in Saratow bei minus 25°C.

Nach einer Volkszählung aus dem Jahr 1989 leben in den Gebieten um die frühere ASSR der Wolgadeutschen 10 500 Deutsche im Gebiet Samara, im Gebiet Saratow leben 17 000 und im Wolgograder Gebiet 28 000. Noch in der Ära Gorbatschow wurde beschlossen, die Wolgadeutschen vollständig zu rehabilitieren, da sie sich im Zweiten Weltkrieg – entgegen Stalins Behauptungen – loyal verhalten hätten. Im Februar 1992 trat ein Dekret über »Sofortmaßnahmen für die Rehabilitierung der Rußlanddeutschen« in Kraft. Zwischen Saratow und Wolgograd sollten zwei Gebiete (Rayons) eingerichtet werden, in denen sich die Nachfahren der früher an der Wolga ansässigen Deutschen niederlassen könnten. Die Deutsche Regierung förderte in diesem Gebiet mit sehr viel Geld einige Projekte. Deshalb findet man heute in Krassnoarmejsk, einer Reißbrett-Stadt am Westufer der Wolga kurz nach Saratow, eine neue deutsche Kirche. Doch ob sich dort jemals ausreichend Gemeindemitglieder einfinden werden, ist mehr als fraglich: Zum einen sind die seit dem Jahr 1941 dort ansässigen oder zugezogenen Menschen nicht begeistert von der Idee, sich nun auf eine völlig neue Situation einstellen zu sollen, zum anderen zieht es die Nachkommen der »Wolgadeutschen« aus dem asiatischen Teil eher ins wirtschaftlich sicher(er) erscheinende Deutschland als an die Wolga. Die öffentliche Aufmerksamkeit, die der Wiedergutmachung stalinistischer Willkür geschenkt wurde, hatte nicht die gewünschte Wirkung: Das Rad der Geschichte läßt sich nicht zurückdrehen.

Saratow – eine Stadt im Wandel

Wie viele andere Orte an der Wolga wurde Saratow im Jahr 1590 als ein befestigter Wachposten gegen Überfälle gegründet. Der Name kommt aus einer Turksprache und wird unter anderem als »gelbes Wasser« inter-

pretiert. Die Stadt liegt auf der westlichen Seite der Wolga, dem sogenannten »Bergufer«. (Es ist eine Besonderheit der Wolga, in ihrem Mittellauf zwei unterschiedliche Uferseiten zu haben: ein Bergufer auf der westlichen und ein Wiesenufer auf der östlichen Seite. Offensichtlich grub sie sich einst ihr Flußbett entlang einer langen Abbruchkante.)

Das Gebiet Saratow umfaßt eine Fläche von rund 100 000 Quadratkilometern, was fast der Fläche der ehemaligen Deutschen Demokratischen Republik entspricht; ihre Einwohnerzahl beträgt ungefähr 2,7 Millionen. (Die ehemalige Wolgarepublik umfaßte nur ein Viertel bis ein Fünftel dieses Gebietes.) Die Aufteilung der Russischen Republik sowie anderer ehemaliger Sowjetrepubliken in Gebiete mit Hauptstädten sollte ursprünglich dafür sorgen, daß die städtischen (Industrie-) Zentren im selben Verwaltungsbereich ausreichend Hinterland für die notwendige Versorgung mit Agrargütern hatten. Man dachte an wirtschaftlich autonome Gebiete. Doch die historische Entwicklung verlief anders. So wird heute im Gebiet um Saratow zwar mehr Getreide angebaut, als man dort selbst (ver)braucht, aber Arbeitsplätze für freigestellte Arbeiter aus der überproportional stark vertretenen Rüstungsindustrie fehlen. Und die anderweitig erwirtschafteten Gelder reichen noch nicht dazu aus, um die Erdgas- und Erdölvorkommen der Region umweltschonend sowie kostengünstig abzubauen und zu verarbeiten. Auch für die weitere Erschließung der Bodenschätze sind die Investitionskosten sehr hoch. So helfen nur staatliche Subventionen von der Zentralregierung in Moskau oder die Investition ausländischer Unternehmen. Neue Chancen sieht man im Zusammenschluß russischer Kleinaktionäre zu einer großen Kapitalgesellschaft, die – privatwirtschaftlich betrieben – zukunftsträchtigen Unternehmungen Investitionskredite gibt; eine Möglichkeit, die noch in den ersten Anfängen steckt, aber bereits praktisch erprobt wird.

Zu den Sehenswürdigkeiten von Saratow gehören unter anderem die Dreifaltigkeitskirche aus dem siebzehnten Jahrhundert sowie mehrere Theater, wovon das älteste, das Akademische Theater Saratow, im Jahr 1865 errichtet wurde, als sich die erste Theatergruppe aus ehemaligen Leibeigenen bildete. Mächtig stolz ist man in dieser Stadt auch darauf, daß in einem hiesigen Armee-Club mit unaussprechlichem Namen der erste Mensch im Weltall, Jurij Gagarin, das Fliegen lernte. Ein von ihm als Flugschüler allerdings noch durch erdnahe Luftschichten gesteuertes Flugzeug steht heute im Heimatmuseum, um andächtig bestaunt zu werden.

Heroisierende Bronzestatuen der »ländlichen Bevölkerung« in der zentralen Markthalle von Saratow.

LINKE UND RECHTE SEITE:
In der Region Wolgograd wird seit rund 40 Jahren Erdöl gefördert. Der hier abgebildete, etwa 47 Meter hohe und mit einem Hartmetall- sowie einem Diamantmeißel ausgestattete Bohrturm des Jointventure-Unternehmens »Wolgodeminoil« dringt seit 1995 bis in eine Tiefe zwischen 2500 und 3300 Metern vor; mit computergesteuerten seismischen Detektoren und Suchbohrungen werden die Lagerstätten vermessen.

Phönix aus der Asche

Die junge Frau im schwarzen Nonnenschleier strahlt:

»So lesen wir die Bibel:
So wie die Wolga Schiffe trägt,
so trägt der Glaube unser Beten...
Und ohne Bilder wär' die Wolga ohne Wasser -
selbst Überschwemmung schenkt ein Bild:
daß uns zeitlebens Zeit nicht fehlt.
Bei uns meint Lieben nicht Besitzen,
und Glaube ist das Flußbett unserer Verzweiflung.«

Godehard Schramm, »Wolga-Madonna« (Auszug)

Auch Wolgograd (bis 1925: Zarizyn, bis 1961: Stalingrad) war ursprünglich ebenfalls eine Festung und wurde im Jahr 1589 gegründet. Nach dem Fall von Astrachan und dem damit verbundenen Ende der Mongolenherrschaft herrschte aber noch lange nicht »Ruhe und Frieden im Land«. Russische Siedler wurden in das Gebiet geholt, um es »in Besitz zu nehmen«. Dabei mußten sie sich gegen Überfälle der Kalmücken, Kirgisen und Tscherkessen schützen, denen sich häufig Kosaken und entflohene Leibeigene anschlossen. Auch die innerrussischen Aufstände gegen die Zaren erreichten die untere Wolga. Stenka Rasin eroberte Zarizyn im Jahr 1670 auf seinem Siegeszug von Astrachan wolgaaufwärts bis zu seiner Niederlage bei Simbirsk.

Etwas mehr als hundert Jahre später, 1774, war Zarizyn in den größten der russischen Bauernaufstände verwickelt. An die Spitze der aufständischen Uralkosaken stellte sich Jemeljan Iwanowitsch Pugatschew (um 1742–1775), der sich als Thronfolger des ermordeten Zar Peter III. ausgab und eine riesige Schar an Gefolgs-

Wolgograd und die »Mutter Erde«: Auf dem am meisten umkämpften (Mamajew-)Hügel des ehemaligen Stalingrad steht ein vaterländisches Monumentaldenkmal, das etwa doppelt so hoch ist wie die New Yorker Freiheitsstatue und nachts von farbigen Scheinwerfern illuminiert wird. Rund 37 000 gefallene Soldaten liegen hier begraben – auf einem Gelände mit etwa 1200 Granatsplittern pro Quadratmeter ...

männern für sich gewann, mit denen er offensichtlich nach Moskau ziehen wollte. Doch unterwegs verließ ihn sein Glück. In Wolganähe mußte er sich nach Süden zurückziehen, ohne die notwendige Unterstützung der Don-Kosaken zu gewinnen. Im Anschluß an seinen Zug durch Zarizyn ging er nach Osten in Richtung Heimat, wo er von früheren Mitstreitern verraten, an die Behörden ausgeliefert und schließlich in Moskau hingerichtet wurde.

Nach der russischen Oktober-Revolution von 1917 war Zarizyn weiterhin mitten im Zentrum des Geschehens: Der nun folgende russische Bürgerkrieg begann mit einem Aufstand der Don-Kosaken gegen die Bolschewiki, und durch die Nähe zum Don gelangte Zarizyn ganz zwangsläufig mit in den Strudel des Bürgerkriegs. Die Stadt war eines der Zentren im Kampf gegen die neue Macht und wurde ihrerseits heftig umkämpft. Nach der Gründung der Sowjetunion bekam Zarizyn den Namen Stalingrad und wurde in die zunehmend forcierte Industrialisierung der Wolgaregion mit einbezogen.

Ein Symbol für Eroberung und Untergang

Als im August 1942 die deutsche 6. Armee nach Stalingrad kam, standen dort bereits zwei sowjetische Armeen. Einem deutschen Militär-Bericht zufolge war die Stadt zu diesem Zeitpunkt »eine wirre Ansammlung von Wohnsiedlungen, Industriequartieren und Verschiebebahnhöfen, 35 Kilometer lang und acht Kilometer breit. Kreuz und quer laufende Balkas (Trockenschluchten), Eisenbahndämme und -Einschnitte erleichterten die Verteidigung ebenso wie ausgedehnte Werkanlagen, Verwaltungsgebäude, Silos und Wassertürme.« Unterstützt von Sturzkampfbombern des VIII. Fliegerkorps eroberten deutsche Divisionen bis zum Oktober zwei Drittel der brennenden Stadt und bahnten sich einen Weg zur Wolga. Doch obwohl damit ihr Angriffsziel bereits erreicht war, ließ Adolf Hitler den Kampf um Stalingrad ohne wesentliche Verstärkungen fortsetzen – vermutlich aus Prestigegründen: Zum zehnten Jahrestag seiner Machtergreifung wollte er den strategisch wichtigen Sieg über Stalingrad als einer Stadt an der Wolga, über die das kriegswichtige Erdöl transportiert wurde, quasi als Geschenk erhalten. Aber trotz des immensen Einsatzes konnte die deutsche Armee Stalingrad nicht erobern. Im Verlauf einer Gegenoffensive der sowjetischen Streitkräfte wurden die Deutschen am 23. 11. 1942 in der inzwischen völlig zerstörten Stadt eingekesselt. Rund 146 000 Menschen starben, viele deutsche Soldaten kamen in Kriegsgefangenschaft, nachdem die sowjetischen Verbände seit dem 10. 1. 1943 den Kessel immer weiter eingeengt und schließlich die deutschen Generale die Kapitulation unterzeichnet hatten (31. 1. und 2. 2. 1943).

Dies war der Anfang vom Ende des Zweiten Weltkrieges, der weltweit 60 Millionen Menschen das Leben kostete – darunter fast 20 Millionen Russen. Und für Hunderttausende deutscher Soldaten in russischer Kriegsgefangenschaft war dies der Anfang einer langen Wartezeit, bis sie die Heimat und ihre Liebsten wiedersehen konnten. Auch für sie galt nun das Lied von Konstantin Simonow, das zuvor den russischen Soldaten ein ähnliches Durchhaltelied gewesen war wie »Lilli Marleen« den deutschen:

Warte auf mich, und ich komme zurück,
nur warte sehr…
Warte, wenn Trauer mit sich bringen
die gelben Regen.
Warte, wenn der Schnee treibt.
Warte, wenn Hitze ist.
Warte, wenn man auf die anderen nicht wartet,
da man das Gestern vergessen hat.
Warte, wenn aus den fernen Orten
keine Briefe kommen.
Warte, wenn alle, die zusammen mit dir warten,
des Wartens überdrüssig sind.

Warte auf mich, und ich komme zurück.
Wünsche all jenen nichts Gutes,
die ganz sicher sind zu wissen,
daß es Zeit sei zu vergessen.

Mögen Sohn und Mutter daran glauben,
daß ich nicht mehr bin.
Mögen die Freunde des Wartens müde werden,
sich ans Feuer setzen,
bitteren Wein trinken
im Gedenken an meine Seele...
Warte. Und beeile dich nicht,
eines Sinnes mit ihnen zu trinken.

Warte auf mich, und ich komme zurück,
allen Toden zum Trotz.
Mögen jene, die nicht auf mich gewartet haben,
sagen »Glück gehabt«.
Sie, die nicht gewartet haben, können nicht verstehen,
wie du mich mitten im Feuer
durch dein Warten gerettet hast.
Wie ich am Leben geblieben bin,
werden nur du und ich wissen –
du verstandest zu warten
wie niemand sonst.

(Liedtext von Konstantin Simonow)

Aber viele Kriegsgefangene sahen ihre Heimat und die Liebsten niemals wieder. Das ungewohnt strenge Klima, die schlechte Ausrüstung, die unendlich langen Märsche sowie die im ausgeplünderten und zerstörten Rußland allseits schlechte Versorgungslage bei Nahrung und Medizin, die harte Arbeit und nicht zuletzt die seelische Belastung durch die unbestimmte Dauer der Gefangenschaft zermürbten die Gesundheit. Aber manche Frauen warteten selbst dann noch, als durch die offiziellen sowjetischen Stellen bekanntgegeben wurde, daß sich kein deutscher Soldat mehr in russischer Kriegsgefangenschaft befinde...

Auferstanden aus Ruinen

Seit 1961 heißt Stalingrad Wolgograd, obwohl manche lieber den ursprünglichen Namen Zarizyn sehen, der auf modernen Straßenkarten bereits wieder eingetragen ist. An den Krieg erinnert die Ruine einer zerstörten Mühle und daneben das Panoramamuseum, ein Rundbau mit Schlachtengemälden. Auf dem Mamajew-Hügel, der höchsten Erhebung der Stadt, steht das berühmteste russische Kriegsdenkmal, die »Mutter Erde«. Sie ist mit 70 Metern Höhe fast doppelt so hoch wie die New Yorker Freiheitsstatue, aber Größe allein schützt nicht vor dem Verfall: Der Kopf und die Hand, die das Schwert trägt, müssen dringend saniert werden; sie weisen Risse auf. Sonn- und feiertags treffen sich die Veteranen am Platz der Gefallenen, tragen ihre Orden und singen die alten patriotischen Lieder. Dabei reichen ihre Renten kaum zum Überleben: Manchmal scheinen die Denkmäler größer zu sein als die Siege, wie es in einem Lied von Bulat Okudschawa heißt.

Szenenwechsel. Heute ist Wolgograd eine moderne russische Industriestadt. Mit Hilfe des privaten russischen Unternehmens Lukoil sowie internationaler Konzerne werden die Erdölvorräte erschlossen. So hat zum Beispiel auch die Firma DEMINEX, »Deutschlands führendes Unternehmen auf den Gebieten Exploration und Produktion von Erdöl und Erdgas mit weltweiten Aufschluß- und Förderrechten«, bereits eine Niederlassung in Wolgograd. Nach Schätzung der Experten reichen die Erdöl-Vorräte der Wolgaregion bei einer rentablen jährlichen Förderung maximal dreißig Jahre. Bleibt zu hoffen, daß nach Ausbeutung der Lager keine Wirtschaftsruinen als Denkmäler des technischen Fortschritts übrig sein werden, denn Wolgograd gilt gegenwärtig mit etwa einer Million Einwohner für viele Russen als eine der schönsten modernen Städte des Landes: Nach den Bedürfnissen unserer Zeit großzügig am Fluß angelegt, mit breiten Straßen, schattigen Parks, Uferpromenaden und vielem anderen mehr, das eine Großstadt attraktiv machen kann.

Auf dem Hauptplatz finden öffentliche Feste statt, mit Akrobaten, Musik und allgemeinem Tanz – in Rußland bedeutet das, daß auf dieselbe Musik, am selben Ort und zur selben Zeit jede Generation ganz auf ihre eigene Art und Weise tanzt: die älteren Damen und Herren pärchenweise und »klassisch« wie damals in der Tanzschule beim Foxtrott; die jüngeren allein, zu zweit oder in Gruppen im »Freistil«, je nach Laune.

Im Panoramamuseum von Wolgograd erinnert ein 360-Grad-Panorama-Bild an die »Schlacht um Stalingrad«.

Abbild und Wirklichkeit: Diese als Mahnmal stehengelassene Ruine einer ehemaligen Mühle in Wolgograd (oben) sieht man auch im Panoramamuseum (vorherige Doppelseite, Bildmitte).

LINKS: Ein Kosake in seiner Feiertags-Uniform.

An der – direkt zum Platz der Gefallenen in der Innenstadt führenden - Paradetreppe.

An Sonn- und Feiertagen treffen sich hier die Kriegsveteranen mit ihren Frauen.

Mit Akribie und artistischem Können tragen Kosaken ihre traditionellen Tänze vor, ziehen über das Land und singen die alten Lieder von Zarentreue und Brüderlichkeit und von ihrer Bereitschaft, für das Vaterland wie für ihren Glauben zu kämpfen . . .

»Let the sun shine in your heart«: Andere Klänge hört man auf dem zentralen Platz der Gefallenen, gleich neben dem Denkmal für den »Unbekannten Soldaten«, wenn dort die Wolgograder Jugend zur Pop-, Techno- und Ravemusik bekannter Gruppen aus Ost und West tanzt.

Einst entdeckten die Gebrüder Nobel im neunzehnten Jahrhundert in und um Wolgograd riesige Ölvorkommen. Heute fördern hier große russische Konzerne wie Lukoil, aber auch internationale Konzerne (häufig in Joint-venture-Unternehmen) das flüssige Gold.

Am südlichen Stadtrand von Wolgograd, in der »Krasnij-Armejskij-Gorod« (der »Roten-Armee-Stadt«), wurde im Jahr 1952 der Wolga-Don-Kanal seiner Bestimmung übergeben. Am oberen Bildrand erkennt man die Wolga beziehungsweise die erste Kanalschleuse, der weitere zwölf Schleusen und ein Stausee folgen.

In der großen Auferstehungskathedrale in Rostow am Don drängen sich die Gläubigen zum Gebet (links) – vor allem dann, wenn mehrere …

DER TRAUM DES ZAREN (2)

Den ersten Teil der Verwirklichung seines Traums von der russischen Wasserstraße zu allen Meeren Europas hatte sich Peter der Große durch den Sieg im Krieg gegen Schweden abgesichert; mit dem Marienkanal begann er, den Traum in die Realität umzusetzen. Vom zweiten Teil des Traums – die Wolga mit dem Don und damit das Kaspische Meer, in das die Wolga mündet, mit dem Asowschen und dem Schwarzen Meer zu verbinden – mußte er aufgrund von technischen Schwierigkeiten Abstand nehmen: Das Kaspische Meer liegt fast dreißig Meter unter Normal Null; erschwerend kam hinzu, daß der Zar mit der Vergrößerung seines – noch dazu in zahlreiche Kriege verwickelten – Imperiums auch finanziell überlastet war. Erst zwei Jahrhunderte später, in der Stalinzeit, als die meisten Kanalsysteme verbessert oder neu erbaut wurden, konnte der Wolga-Don-Kanal in Angriff genommen werden. Dabei kamen auch die vielen Kriegsgefangenen nach dem Zweiten Weltkrieg zum Einsatz. Am Südende Wolgograds war die günstigste Stelle, da sich hier Don und Wolga am nächsten kommen. Im Jahr 1952 wurde der

… Metropoliten in ihren prächtigen Gewändern den Gottesdienst zelebrieren und um die Kathedrale schreiten (kleines Bild).

einhundertundeinen Kilometer lange Kanal mit seinen dreizehn Schleusen und den notwendigen Stauseen fertiggestellt. Lange nach dem Tod Peters des Großen war nun also der Traum des wohl berühmtesten Zaren Wirklichkeit geworden: mit dem Schiff von der Ostsee oder dem Weißen Meer über die Wolga ins Kaspische oder ins Schwarze Meer fahren zu können!

Von der Wolga zum Don

Der Südwesten von Wolgograd ist ein klassisches Kosakengebiet. In der Nähe der Wolga nennen sie sich Wolga-Kosaken, in der Nähe des Don Don-Kosaken (letztere wurden durch ihre Chöre weltweit bekannt); in der Nähe des Dnjepr heißen sie Saporoger Kosaken, und im Süden des Ural leben die Ural-Kosaken, deren bekanntester Vertreter Pugatschew war. Das turktatarische Wort »kazak« – russisch: Kasak – bedeutete ursprünglich »freier, unabhängiger Mensch«, aber auch »Krieger« und »Abenteurer«. Später bezeichnete man damit slawische Gemeinschaften freier Reiterverbände. In russischen Quellen tauchen Kosaken zuerst als tatarische Kuriere, später als Soldaten zum Schutz der Steppengrenze auf.

Kosak oder Kasak zu sein, ist aber keine Frage der Herkunft, sondern ein russischer Stand, dem man angehört und nach dessen Gesellschaftsregeln gelebt wird. So wurden die im fünfzehnten Jahrhundert im südlichen Dnjepr- und Don-Gebiet herumziehenden Reiterscharen als Kosaken bezeichnet, aber ebenso die freien Wehrbauern des sechzehnten Jahrhunderts in diesem Gebiet. Im siebzehnten Jahrhundert gab es einen Kriegerbund der Kosaken, den »Saporoger Sitsch«, und ein freies Gemeinwesen mit einem Ataman (Anführer) an der Spitze. Dabei handelte es sich um einen eigenen »Staat im Staate«: russisch-nationalistisch, streng patriarchalisch, autoritär und hierarchisch strukturiert. Die Männer erlernen das Reiten und das Handwerk eines Soldaten, die Frauen erledigen die Haus- und Feldarbeit. Gleichberechtigung ist hier auch heute noch ein weitgehend unbekanntes Wort.

Der ebenso starke wie militärisch wirksame Verbund der Kosaken war in der russischen Geschichte oftmals ein wichtiges Regierungsinstrument. Zwar hob Katharina II. nach der Unterwerfung unter Moskau (1654) das Gemeinwesen der Kosaken auf, aber später wurden ihre Gebiete mit Sonderrechten an allen gefährdeten Grenzen wieder zugelassen – etwa in Orenburg am Südende des Ural, am Terek im Kaukasus, aber auch in Astrachan und Sibirien.

Begehrt waren die im allgemeinen streng zarentreuen Kosaken vor allem als beste Reiter der Leichten Kavallerie. Nur in besonderen Notzeiten kam es vor, daß sie sich auf die Seite der Unterdrückten stellten – zum Beispiel beim Aufstand des Stenka Rasin oder des Jemelian Pugatschew. Anfangs strikte Gegner der Bolschewiken, wanderten viele von ihnen während der Russischen Revolution aus; im anschließenden Bürgerkrieg standen sich aber auch Kosaken im Kampf gegenüber. In den Zeiten der Sowjetunion verschwanden sie weitgehend »in der Versenkung«, aber heute steht wieder »für Gott und Vaterland« auf ihren Fahnen.

Berühmt sind die Kosaken auch für ihre artistischen Tänze und für ihre patriotischen Lieder, die von professionellen – von Dorf zu Dorf ziehenden – Ensembles meisterhaft dargeboten werden. Wer sich für ihre beeindruckende und einzigartige Kultur interessiert, dem sei an dieser Stelle ein Besuch des Kosaken-Museums in Nowotscherkask empfohlen.

Am Ende der Verwirklichung des Zarentraums steht Rostow am Don; eine Hafenstadt am Asowschen Meer (ein Nebenmeer des Schwarzen Meers). Im achtzehnten Jahrhundert am Zusammenfluß von Temernik und Don gegründet, mit einem Handelshaus und einer Festung als Ausgangsbasis, hat Rostow am Don inzwischen rund eine Million Einwohner, viel Industrie und eine gute Verbindung zur Halbinsel Krim.

Rechte Seite: Elektrizitätswerk bei Wolgograd (oben).
Unten: Die Kosaken verfügen auch über eine lange Tradition als Reiter und Pferdezüchter (bei Rostow am Don).

»Kazak« bedeutete ursprünglich »freier, unabhängiger Mensch«: Die Pflege von alten Traditionen und Kulturen spielt bei den Kosaken eine wichtige Rolle. Zu ihren Tänzen gehören auch geradezu artistisch anmutende Einlagen.

Linke und rechte Seite:
Wenn in Rostow am Don Feste gefeiert werden, treten auch Kosakenensembles aus den umliegenden Orten – wie hier aus Asow – auf. Meistens halbprofessionell organisiert, singen und tanzen sie und führen dabei auch »getanzte Geschichten« vor . . .

Ein wichtiges Verkehrsmittel in der Altstadt von Rostow am Don ist die Straßenbahn, die mancherorts (wie hier) auf einer eigenen …

… »Trambahnstraße« stets freie Fahrt an den schönen alten Häusern vorbei hat.

Bei Starotscherkask: Ackerbau und Viehzucht waren einst bedeutende Erwerbszweige der Kosaken.

Elista, die Hauptstadt von Kalmückien, liegt dreihundert Kilometer westlich der Wolgamündung. Am großen Platz steht ein Lenin- …

EUROPA UND ASIEN

Ab Wolgograd, das wie München um den achtundvierzigsten Breitengrad liegt, verändert sich die Landschaft wesentlich. Kein Fluß mündet mehr in die Wolga; bis zu ihrer Vereinigung mit dem Kaspischen Meer gewinnt sie also kein Wasser mehr hinzu, sondern verliert im Gegenteil einiges durch Verdunstung. Die Aschtuba, ein bei Wolgograd abzweigender Seitenarm, begleitet sie in zwanzig bis vierzig Kilometer Abstand östlich bis zur Mündung. Zwischen beiden Flüssen gibt es ein weitverzweigtes Netz von Nebenarmen und Nebenflüssen, entstanden durch die jährlich wiederkehrenden Überschwemmungen. Nur in diesem wasserreichen schmalen Streifen ist Ackerbau, Viehzucht und der Anbau von Gemüse und Melonen möglich. An der Westseite des Flusses, der »Bergseite«, zieht sich bis zum Don eine Salzsteppe hin. Anton Tschechow, der in Taganrog an der Mündung des Don ins Asowsche Meer aufwuchs, schrieb darüber die folgenden Zeilen:

… Denkmal (großes Bild). Leuchtende Farben hat die Tracht dieser Kalmückin in Zagan Aman (kleines Bild).

»Obwohl an den Juliabenden und in den Julinächten die Wachteln und Wiesenrallen nicht mehr rufen, in den kleinen Waldschluchten die Nachtigallen nicht mehr schlagen und es auch nicht mehr nach Blumen duftet, ist die Steppe doch immer noch schön und voller Leben. Kaum ist die Sonne untergegangen und die Erde in Finsternis gehüllt, da ist die Schwermut des Tages vergessen und verziehen, und die Steppe atmet leicht, aus voller Brust. Wohl weil das Gras im Dunkeln sein eigenes Alter nicht gewahrt, stimmt es ein heiteres und frisches Zirpen an, wie niemals am Tage; Knistern, Pfeifen, Kratzen und dazu die Bässe, Tenöre, Diskante der Steppe – das alles verschmilzt zu einem ununterbrochenen eintönigen Brausen, bei dem man sich so schön in Erinnerungen wiegen und wehmütigen Gedanken nachhängen kann.«

Anton Tschechow, »Die Steppe« (Auszug)

Auf der Ostseite der Aschtuba, in einiger Entfernung vom Fluß, sind in der Steppe schon die bräunlichen und grauen Farbtöne der Sandwüste zu finden, die die Nähe Asiens anzeigen.

Von Velimir Chlebnikow (1885–1922), ein Sohn des Gebietes Astrachan, der gern als »Alchimist der Worte« bezeichnet wird, stammt das folgende, ausdrucksstarke Gedicht (»Asien«, 1921):

Stets Sklavin, aber mit der Zarenheimat auf der braunen Brust
und mit dem Staatssiegel statt einer Perle im Ohr.
Mal das Mädchen mit Schwert, das noch keine Empfängnis kennt
mal Hebamme – Greisin der Rebellion.
Du blätterst die Seiten des Buches um,
in dem der Händedruck der Meere die Schrift war.
Wie Tinte funkeln nachts die Menschen,
eine Zarenerschießung war zorniges Ausrufezeichen,
ein Sieg der Truppen diente als Komma,
und als Feld – die vielen Punkte, ihr Zorn war nicht bang.
Der Zorn des Volkes wurde offenbar,
und die Risse des Jahrhunderts – sind die Klammer.
O Asien! An dir leide ich...
...»Lehrer« flüsternd,
»nicht wahr, heute
werden wir zwei
freiere Wege suchen?«

Velimir Chlebnikow, »Asien« (Auszug)

Steppen und Wüsten, Kalmückien und Astrachan

Zwischen Wolgograd und dem Kaspischen Meer, westlich der Wolga, liegt die Kalmückische ASSR, seit 1990 mit dem Status einer souveränen Republik versehen und in »Chalmg Tangtsch« umbenannt. Kalmückien ist größer als Bayern und hat weniger als eine halbe Million Einwohner. Während in Bayern die Berge Teile des Landes unbesiedelbar machen, sind es in Kalmückien die Wüstengebiete, die in der südlichen Steppe liegen.

Die Kalmücken sind ein westmongolisches Volk, das im siebzehnten Jahrhundert in die Wolga-Region einwanderte. Damals waren sie in Sippenverbänden organisierte Hirtennomaden und gefürchtete Krieger. Nach der Eroberung der unteren Wolga durch das russische Reich waren sie dem Gouvernement Astrachan unterstellt. Unter dem wachsenden Druck der Kolonisierung durch russische, ukrainische und deutsche Siedler, die Weideland in Besitz nahmen, wurde ihre Nomadenwirtschaft zerstört; um das Jahr 1915 konnten vier Fünftel der Kalmücken nicht mehr von ihrer traditionellen Viehwirtschaft leben. In der Sowjetunion wurden sie 1935 eine ASSR, eine Autonome Sowjetrepublik. Vom Dezember 1942 bis zum Januar 1943 war Kalmückien von deutschen Soldaten besetzt. Unter der Anschuldigung, mit den Deutschen kollaboriert zu haben, wurde die gesamte kalmückische Bevölkerung im Dezember 1943 auf Stalins Befehl nach Sibirien deportiert und ihre autonome Republik aufgelöst. Erst im Jahr 1957, vier Jahre nach Stalins Tod, rehabilitierte man die Kalmücken, worauf sie (aufgrund der Verluste während des Transports nach Sibirien stark dezimiert) zurückkehrten. Die neue ASSR entstand nicht in den ursprünglichen Grenzen, sondern in verkleinerter Form. Zu den alten kalmückischen Gebieten, die der Region Astrachan zugeschlagen worden waren, gehören fruchtbare Schwarzerde-Gebiete und Regionen mit Erdölförderung, die heute von der Regierung zurückgefordert werden. Zum Präsidenten der neuen Republik wählte man im Jahr 1993 einen damals erst einund-

dreißig Jahre alten Unternehmer und Millionär; Absolvent der Moskauer Eliteschule für internationale Beziehungen, der sich selbst »weder als Kommunist, noch als Demokrat, sondern als Kapitalist« bezeichnet und den Staatsapparat radikal verkleinerte.

Als der russische Präsident Boris Jelzin Anfang der neunziger Jahre Kalmückien besuchte, war er seit Peter dem Großen das erste russische Staatsoberhaupt, das dieses Gebiet betrat.

Die Nachfolger Dschingis-Khans

Die Kalmücken sind Buddhisten, die dem tibetischen Lamaismus nahestehen. Unter der Sowjetregierung wurden Buddhisten verfolgt. Bereits um das Jahr 1932 stand praktisch keine ihrer Kultstätten mehr. Erst seit 1990 werden wieder Tempel und Klöster errichtet. In der Hauptstadt Elista (knapp 100 000 Einwohner) wurde im selben Jahr die erste »Buddhistische Gesellschaft« gegründet. Sie pflegt die Traditionen und hält Kontakt zu anderen buddhistischen Gruppen.

Die Kalmücken verfügen über ein eigenes, im siebzehnten Jahrhundert von einem Mönch entwickeltes Schriftsystem. Ihre Literatur ist reich an Volkslegenden und Liedern, Segenssprüchen und Märchen.

In der Hauptstadt sieht man neben interessanten asiatischen Gesichtern auch ungewohnt bunte Tempel, einen großen Präsidentenpalast und ein Dschingis-Khan-Denkmal. Eine weitere Besonderheit ist das Panzerdenkmal im Westen der Stadt, dessen Kanone nach Osten (!) gerichtet ist. Über das Warum kann man nur rätseln: War der Monteur müde oder betrunken, in der Feststellung der Himmelsrichtung ungeübt oder funktionierte die Drehmechanik nicht – oder wollte man vielleicht etwa vierhundert Jahre nach dem Sieg über Astrachan signalisieren, daß eine nochmalige Invasion der »Goldenen Horde« diesmal auf massiven Widerstand stoßen würde?

Die heutige Republik Kalmückien berührt die Wolga nur mit einem schmalen Landstreifen um Zagan Aman, oben auf dem westlichen Steilufer gelegen. Durch Bepflanzung der Abbruchkante mit Büschen und Sträuchern wird versucht, den sandigen Boden festzuhalten. Unangenehme Folgen für die Bewohner von Zagan Aman hat der stark dezimierte Fischbestand der Wolga, der ein Verbot der lokalen Fischerei zur Folge hatte, damit wenigstens die Berufsfischer am Unterlauf noch genügend Fische für ihr Auskommen und für die fischverarbeitenden Betriebe in der Umgebung Astrachans aus dem Fluß holen können.

Die Steppen- und Wüstenlandschaft der unteren Wolga und Aschtuba bietet Raum für Tiere, die sonst in Europa kaum zu sehen sind. Exotische Echsen genießen Sand und Sonne, Saiga-Antilopen ziehen hier durch, die Zucht wilder Pferde ist erfolgreich, und selbst Kamele fühlen sich hier wohl.

Astrachan: Von der Wüste umgeben

Das flußnahe Gebiet zwischen Wolgograd und dem Kaspischen Meer gehört bis auf den kleinen kalmückischen Bereich zum Gebiet Astrachan. Östlich schließt sich der Staat Kasachstan an, eine ehemalige Republik der Sowjetunion (seit 1991 ebenfalls Mitglied der GUS), die von einem sunnitisch-moslemischen Kirgisenvolk bewohnt wird und deren Hauptstadt Alma Ata über zweitausend Kilometer von der Wolga entfernt im asiatischen Teil des Doppelkontinents Eurasien liegt.

Im Steppen- und Wüstengebiet der unteren Wolga herrscht das Kontinentale Klima der warmen südlichen Regionen der Nordhalbkugel unserer Erde und bestimmt entscheidend das Aussehen der Landschaft. Während im gesamten Wolgagebiet ein Mittelwert von 500 Millimetern Niederschlag im Jahr gemessen wird, fallen in Astrachan im selben Zeitraum nur etwa 150 Millimeter Regen. (Zum Vergleich: In Deutschland waren es im Jahr 1996 durchschnittlich 850 Millimeter Niederschlag.) Es gehört nicht viel Phantasie dazu, sich vorzustellen, daß in dieser Region das sonnig-warme Wetter für einen Sommerurlaub zwar zuverlässig ist,

daß aber Landwirtschaft ohne ein ausgeklügeltes System an künstlicher Bewässerung unmöglich wäre. Kein Wunder, daß diese Region von den großen Hungersnöten in Rußland stets besonders stark betroffen war. Als Folge der künstlichen Bewässerung werden jedoch die (ruhigen) Laichplätze der Fische immer weniger – ein Teufelskreis, aus dem erst noch ein Ausweg gefunden werden muß.

Eine andere Herausforderung für die Pflanzen und Tiere sind die enormen Temperaturunterschiede von unter minus fünf Grad Celsius im Winter bis mehr als plus vierzig Grad Celsius im Sommer. So war der Hafen von Astrachan früher oft bis zu drei Monate lang zugefroren, und erst seit dem Bau des Wolgakraftwerks bei Wolgograd mit seinem Stausee gibt es das Schiffahrtshindernis der treibenden Eisschollen kaum mehr.

Die sehr unterschiedliche Wasserführung der Wolga in den verschiedenen Jahreszeiten macht es notwendig, dementsprechende Hafenanlagen zu bauen. Erreicht man Astrachan mit einem kleinen Linien-Schiff, so landet man an einem schwimmenden Fluß-Bahnhof.

Astrachan liegt am Beginn des Wolgadeltas: ein riesiges Gebiet mit Verästelungen und Verzweigungen des Flusses, die auch die Stadt durchziehen. Diese befindet sich auf demselben Breitengrad wie Venedig und liegt wie das Kaspische Meer fast dreißig Meter unter Normal Null. Ihre Bevölkerung (eine Million) besteht vor allem aus Russen (72 Prozent), aber auch aus Tataren, Kalmücken und Kirgisen. Die Architektur Astrachans ist so »bunt« wie ihre Geschichte, auch wenn aus der vorrussischen Zeit leider nichts mehr erhalten ist. In früherer Zeit stand an der Wolgamündung die Handelsstadt Itil. Als die Mongolen die Herrschaft über dieses Gebiet übernahmen, wurde das Khanat Astrachan gegründet; mit einer prachtvollen Residenz des Batu-Khan, des Enkels Dschingis-Khans an der Aschtuba. Sie wurde von dem Mongolenfürsten Timur (Tamerlan) im Jahr 1395 zerstört. Ungefähr an derselben Stelle entstand eine neue Stadt, aus der Iwan IV. 1556 die Tataren vertrieb. Bis zum Jahr 1569 wurde die Stadt von Osmanen belagert und 1670 von Stenka Rasin erobert. Zar Peter der Große machte sie zum Ausgangszentrum seiner Feldzüge gegen Persien, und Katharina II. verlieh ihr besondere Handelsprivilegien. Im achtzehnten Jahrhundert wurde Astrachan von den Persern geplündert, später mehrmals durch Feuer zerstört und ihre Bevölkerung durch eine Choleraepidemie im Jahr 1830 und die Hungersnot des Jahres 1921 stark dezimiert.

Mit der Eroberung Astrachans durch die Russen wurde die Wolga von der Quelle bis zur Mündung ein russischer Fluß. Wie in Kasan begann man auch hier sofort nach der Eroberung mit dem Bau eines riesigen und prachtvollen Kremls auf einem der Berowskij-Hügel. Als Baumaterial verwendete man die Steine der Hauptstadt der Goldenen Horde: Saraj. Dämme sichern die Ufer, und eine Vielzahl an Brücken verbindet die einzelnen Inseln, aus denen die Stadt besteht. Als Umschlagplatz für die Waren aus Persien, Indien, der Türkei und vieler anderer Länder zog Astrachan stets viele Händler und Kaufleute an. Bis heute ist die Stadt ein wichtiger russischer Handelsplatz mit einem großen Markt am Hafen und einem eigenen Ölhafen für das in der Umgebung geförderte Erdöl.

An der Sportakademie von Astrachan bekommen übrigens die russischen Olympiasiegerinnen das beigebracht, was sie an die Weltspitze der Turnerinnen hebt. Aber das größte Kapital Astrachans, dieser von Wüste umgebenen Stadt, war und ist immer noch das Wolgadelta mit seinem (leider abnehmenden) Fischreichtum. Besonders wertvoll ist der schon an anderer Stelle erwähnte Stör – ein schuppen- und grätenloser, mit hellen Knochenschilden bewehrter »mystischer« Urfisch, dessen Leib schwarzperlige Eier birgt: die weltweit hochbezahlte Delikatesse Kaviar. Allerdings gilt er heute als vom Aussterben bedroht – aufwendige Zuchtversuche sollen hier aber Abhilfe schaffen.

Linke Seite: Wenig beachtet und etwas verloren am Stadtrand von Elista erinnert dieses Denkmal Dschingis-Khans an die fast vergessenen Vorfahren der Kalmücken.

Die Kalmücken sind direkte Nachfahren von Dschingis-
Khan, der einst mit seiner »Goldenen Horde«
aus dem Herzen Asiens hierher an die Wolga kam.
Aus dem ehemals kriegerischen Volk wurde ein
friedlich dem buddhistischen Glauben
angehörendes, das sich in den zahlreichen Tempeln
zum gemeinsamen Gebet trifft.

Kleine Geschenke erhalten die Freundschaft – auch zu Buddha. Im Buddhismus wird der Drache als Beschützer der Gottheit besonders verehrt, während er im christlichen wie im russisch-orthodoxen Glauben (beispielsweise vom Heiligen Georg als »die Versuchung des Bösen«) bekämpft und getötet wird.

Nur an einer Uferlänge von sechs Kilometern berührt die kalmückische Republik den Fluß. Zagan Aman heißt der kleine, hier abgebildete Ort am Abbruch des Steppenufers über der Wolga. Einfache Häuser aus Holz und Stein mit schmiedeeisernen Zäunen schmücken manche Grundstücke – wie hier den kleinen buddhistischen Tempel, vor dem der Mönch mit den Tieren des Ortes steht.

»New kids on the block«: Wie in Europa und anderswo warten die Schulkinder und Jugendlichen in Zagan Aman auf den Schulbus, der sie nicht nur von hier, sondern auch aus vielen kilometerweit vom Wolgaufer entfernten Ortschaften und Siedlungen in der Steppe abholt und nach Schulschluß wieder nach Hause bringt.

Östlich der Wolga geht die Steppe in die kasachische Wüstenlandschaft über. Pferde nutzen diesen Landstrich als Auslauf.

Fast in allen Städten entlang der Wolga sieht man am Ufer befestigte schwimmende Flußbahnhöfe wie hier in Astrachan, die sich dem …

... Pegelstand des Wassers angleichen.

Die letzte Strophe des Wolgalieds

Ich steh' an der Wolga, an der ewigen Wolga
und werd' vielleicht selber, nach meinem Tod,
zu einem Lied über die ewige Wolga,
gleich ihrem Strömen unsterblich und ohne Not.

Rußland – was kann ich dir noch sagen?
Nicht mehr als deine Wälder längst schon wissen
und deine viel beschriebnen Wiesen wagen –
füg mich als Daune in dein Kissen.

Rußland – was wüßte dir mein Schweigen?
Nicht mehr als eines Grabkreuz kurzer Arm
und der Grabhügel gemeines Verschweigen –
wer schweigt, ist der denn bettelarm?

Rußland – welche Hilfe könnt' ich dir antragen?
Wär' das echtes Helfen, das keiner nun verlacht:
würd' man als erstes Dichter klug verjagen
von jeder worterfüllten Macht?

Rußland ist Gottes Angesicht als Frau.
Dein Brot bleibt immer meine Speise.
Deine Trauer macht mich altersgrau.
Dein Schicksal schickt mich auf dieselbe Reise.

Jewgenij Jewtuschenko,
»Russland ist Gottes Angesicht als Frau«

Aufgeteilt in ein riesiges Netz von Flußarmen und kleinen Seen mündet die Wolga in das Kaspische Meer. Der Wasserreichtum macht dieses Gebiet zu einer grünen Oase in einer lebensfeindlichen Umgebung. Durch das Schwemmland ist der Boden fruchtbar, ein lichter Urwald überzieht die unbebauten Ufer. Die Zivilisation dringt hierher nicht vor; kein Strom, keine Kanalisation, keine Straßen; nur Bäume, vielleicht ein Feldweg, ein kleines Haus und ein Garten; selten ein Dorf. Grüne Einsamkeit. Im Delta wurde der erste Naturschutzpark der Sowjetunion angelegt.

Kaviar und Lotosblüten im Wolgadelta

An den Hauptarmen im Delta wird der schwindende Reichtum der Region im großen Stil genutzt: Sardinen, Karpfen, Bleie, Heringe, Zander; auch der Wobla, der nur im Kaspischen Meer vorkommt, und der Stör. Er liefert einen der wichtigsten Exportartikel des Landes: Wer mit dem Auto das Delta verläßt, muß auf den Ausfallstraßen mit Autokontrollen rechnen, die nach geschmuggeltem Kaviar suchen! Denn die Fischbestände der Wolga nehmen auch im Delta rapide ab. Durch groß angelegte Fischzuchten soll der Bestand wieder vergrößert werden. Bevorzugt wird natürlich der Stör gezüchtet. Von ihm gibt es drei Sorten: den kleinen Sevruga, den mittleren Ossietra und den großen Beluga, der bis zu fünf Meter lang werden kann. Manche Belugas können hundert Kilogramm Kaviar liefern, allerdings brauchen sie wegen ihrer Größe tieferes Wasser zum Leben – das Wolgadelta wird sehr rasch flach und versandet immer mehr. Die gefangenen Fische kommen in die Fischkombinate Astrachans, wo sie für die Weiterzucht eingesetzt werden; hier wird der Kaviar (*russ.:* Ikra) weiterverarbeitet und eingeglast; hier werden die Fische zerteilt, eingesalzen, geräuchert, in Essig eingelegt, gefroren und anderweitig konserviert. Das benötigte Salz wird in den Salzinseln nordöstlich von Astrachan in der Wüste gewonnen.

Jedes Jahr vergrößert sich das Wolgadelta durch den angeschwemmten Flußsand und schiebt sich weiter ins Kaspische Meer hinein. Für die Schiffe mußte ein Kanal ins Meer gegraben werden, damit sie Astrachan erreichen können. Von sehr großen Schiffen wird jedoch draußen auf dem Meer in einhundert Kilometer Entfernung die Fracht auf kleinere umgeladen. Dort liegt, fest verankert, eine schwimmende Stadt mit Anlegestellen, Geschäften, Süßwassertanks und sogar einer Klinik. Und dort, wo die Wolga aufhört ein Fluß zu sein und sich mit dem Kaspischen Meer vereint, bietet sie ein Hochzeitsgeschenk ganz besonderer Art: Über viele Quadratkilometer ist das Wasser bedeckt mit den wachsbeschichteten Blättern der heiligen Blume des Ostens, der Lotosblume. Dreimal im Jahr blüht sie mit schlichten, edlen Kelchen von über zwanzig Zentimeter Durchmesser. Am Morgen sind sie purpurrot, werden dann allmählich rosa und schließlich blaßgelb. Drei Tage nur dauert das Naturschauspiel. Die Lotosblume gilt als Sinnbild für Schönheit, Reinheit, Sonne und ewiges Leben. Kann ein mächtiger Fluß, der einerseits die Vergänglichkeit verkörpert (»panta rhei« – alles fließt) und andererseits durch die Beständigkeit seines Seins die Ewigkeit erahnen läßt, ein schöneres Abschiedsgeschenk machen als ein Meer von blühendem Lotos?

In der berühmten Akademie für Sportgymnastik in Astrachan werden zukünftige Weltmeisterinnen und Olympiasiegerinnen ausgebildet.

RECHTE SEITE: Tanzen ist ein leidenschaftlich betriebener Lieblingssport der »neuen russischen Hautevolee«, die ihre teuer gekleideten Töchter und Söhne zu Turnieren zwischen Archangelsk, Astrachan und anderswo fährt, um sich an den Auftritten ihrer Sprößlinge zu ergötzen.

27

23

Давыдов
1884 – 1956

Memento mori: In vielen größeren Städten und Siedlungen liegen die Friedhöfe am Ortsrand; hier in Astrachan aber etwas weiter im Zentrum. Dort breitet sich ein schier unübersehbares Meer höchst unterschiedlich gestalteter Grabsteine und Gräber aus.

Linke Seite: Eine verglaste Steingravur zeigt die Verstorbene in Lebensgröße.

Rechte Seite: Das Grab eines Piloten mit einigen seiner Angehörigen.

Im Wolgadelta, in Tud-Front, formieren sich die Fischer nach dem stundenlangen Einziehen des Schleppnetzes zu einem Kreis, um die Fische …

… im seichten Uferwasser einzusammeln.

Getrockneter Fisch wird nicht nur an der Wolga, sondern in ganz Rußland gern gegessen (oben).

UNTEN: In einer Kaviar-Versandanstalt.

LINKE SEITE: In der Staatlichen Zuchtanstalt für Beluga-Störe wird der weibliche Fisch getötet, um ihm die Störeier (Kaviar) zu entnehmen, die mit dem Samen des – am Leben bleibenden – männlichen Belugas befruchtet werden. Unter sorgfältiger Obhut schlüpfen dann die Fische in der Zuchtanstalt und werden später zu Millionen im Wolgadelta ausgesetzt. Bis zur Laichzeit, wenn sie von ihrem Instinkt geleitet an den Ort ihrer Geburt zurückkehren, überleben davon aber nur zehn bis 15 Prozent der nicht nur durch die Umweltverschmutzung, sondern auch von Wilderern bedrohten Tiere.

DATEN UND FAKTEN

ZEITTAFEL

Um 860 Der Warägerfürst Rurik übernimmt die Herrschaft in Nowgorod.
1037 Kiew wird Sitz eines Metropoliten.
1223 Schlacht gegen die Mongolen an der Kalka am Asowschen Meer.
1236/40 Erneuter Mongoleneinfall unter Batu-Khan; Rjasan, Wladimir, Susdal und Kiew werden erobert und zerstört.
Um 1245 Batu-Khan begründet das mongolische Tatarenreich der »Goldenen Horde«, die von der unteren Wolga aus alle russischen Fürstentümer beherrscht.
1299 Der Metropolit von Kiew siedelt nach Wladimir an der Kljasma über.
1326 Moskau wird Sitz des Metropoliten.
Um 1360 bis 1430 Die Zeit des Ikonenmalers Andreij Rubljow.
1380 Dimitrij Donskoi besiegt die Tataren auf dem Feld von Kulikowo am Don.
1382 Unter Khan Tochtamysch nehmen die Tataren Moskau ein.
1389 Nischnij-Nowgorod wird Moskau angegliedert.
1392 Der Mongolenfürst Tamerlan (Timur-i-Läng) zieht sich vor Rjasan wieder zurück.
1399 Sieg der Tataren an der Worskla.
1408 Belagerung Moskaus durch die Tataren unter Egidej.
1438 Beginn der Auflösung des Staates der »Goldenen Horde« in die Khanate Krim, Kasan, Astrachan und »Große Horde«.
1445 Großfürst Wassilij II. gerät in die Gefangenschaft des Khans von Kasan. Die Kosaken werden erstmals in Chroniken erwähnt.
1465/69 Iwan III. führt Krieg gegen das Khanat Kasan.
1475 Das Khanat Krim unterstellt sich dem osmanischen Sultan von Konstantinopel
1480 Iwan III. stellt seine Tributzahlungen an die Tataren der »Goldenen Horde« ein.
1482 Plünderung Kiews durch die Krimtataren, die bis 1783 eine Gefahr für Rußland darstellen.
1502 Auflösung der »Goldenen Horde«.
1535 bis 1550 Krieg gegen Kasan.
1547 Iwan IV., genannt »der Schreckliche«, wird siebzehnjährig zum Zaren gekrönt.
1552 Eroberung von Kasan. Zur Erinnerung an diesen Sieg wird in den Jahren 1555–1560 die Basilius-Kathedrale am Roten Platz in Moskau gebaut.
1553 Gründung der ersten Druckerei in Moskau.
1556 Eroberung von Astrachan.
1563 Iwan Fedorow druckt das erste Buch in Moskau.
1571 Krim-Tataren brennen Moskau nieder.
1561 bis 1583 Der Kosak Jermak Timofejew erobert Sibir vom Khan Kutschum und gliedert Westsibirien an Moskau an.
1582 Erste Verbannung nach Sibirien als Strafverschärfung.
1584 Nach dem Tod Iwans IV. übernimmt Boris Godunow die Regentschaft für den minderjährigen Fjodor und letzten Zaren aus dem Waräger-Geschlecht.
1589 Zar Fjodor I. und Boris Godunow setzen die Erhebung der Metropolie von Moskau zum Patriarchat durch.
1591 Ermordung des Zarewitsch Dimitrij in Uglitsch.
1597 Ukas über Zurückführung entlaufener Bauern; damit wird die Leibeigenschaft in Rußland gesetzlich begründet.
1598 Die 15 Jahre dauernde »Zeit der Wirren« beginnt.
1601 bis 1604 Hungersnöte fordern Millionen Tote.
1604 Der falsche Zar Dimitrij beginnt mit polnischem Heer einen Feldzug gegen die Ukraine und Moskau.
1610 Polen erobert Moskau.
1613 Wahl und Krönung von Michail Romanow, einem Sohn des Patriarchen Philaret Romanow, zum Zaren von Rußland.
1625 Kosakenaufstände in der Ukraine gegen Polen.
1637 Die Don-Kosaken erobern Asow, müssen es aber 1643 wieder aufgeben.
1649 Neues russisches Gesetzbuch; Verbannung nach Sibirien ist nun auch eine Strafe bei Kriminaldelikten.
1654 Pestepidemie in Rußland.
1666 Gründung der russischen Post.
1666/67 Aufspaltung der orthodoxen Kirche und Verfolgung der Altgläubigen (Raskolniki).
1669 Beginn des Aufstandes unter Stenka Rasin.
1671 Hinrichtung Stenka Rasins.
1672 Peter I. wird geboren.
1677/81 Russisch-Türkischer Krieg.
1687 Kalmücken überfallen Selenginsk; Feldzüge gegen die Krim.
1689 Peter I. stürzt die Regentin Sophia und wird Alleinherrscher.
1696 Die Bewohner von Asow kapitulieren vor Peter I.; damit wird auch der Zugang zum Asowschen Meer ein russisches Gebiet. Gründung der russischen Flotte.
1699 Einführung der Bartsteuer durch Peter den Großen.
1700 Einführung des Julianischen Kalenders; Kleiderreform; Beginn des Nordischen Krieges gegen Schweden.
1703 Gründung von St. Petersburg.
1707/08 Kosakenaufstand unter Bulawin; Don-Kosaken verlieren ihre Selbständigkeit. Dem Adel wird befohlen, nach St. Petersburg überzusiedeln.
1709 Sieg der Russen bei Poltawa über die Schweden.
1710 Eroberung von Wyborg, Riga und Reval, Beginn des Russisch-Türkischen Krieges.
1714 Gründung der Marine-Akademie.
1713 St. Petersburg wird die offizielle Hauptstadt Rußlands.
1721 Kaufleute können ganze Dörfer mit Leibeigenen für industrielle Betriebe erwerben. Das Patriarchat von Moskau und ganz Rußland wird abgeschafft und durch den »Heiligen Synod« unter dem Vorsitz des Zaren ersetzt. Peter I. nimmt den Titel »Imperator« (Kaiser) an.
1724 Gründung der Akademie der Wissenschaften.
1725 Tod Peters des Großen.
1735/39 Russisch-Türkischer Krieg.
1736 Aufstand der Saporoger Kosaken.
1739 Im Frieden von Belgrad erhalten die Russen die Schwarzmeer-Küste.
1754 Gründung der ersten russischen Hypothekenbank.
1755 Gründung der Universität Moskau.
1756/63 Siebenjähriger Krieg. (1760 steht das russische Heer in Berlin.)
1762 Prinzessin Sophie von Anhalt-Zerbst wird Zarin Katharina II.
1764 Säkularisation der Kirchengüter.
1767 Verbot für die Bauern, über ihre Herren Klage zu führen.
1768/74 Russisch-Türkischer Krieg; Asow geht endgültig an Rußland.
1771 Pestepidemie in Moskau.
1773/75 Aufruhr des Jemelian Pugatschew.
1783 Eroberung des Krim-Khanats.
1786 Die Goldminen von Nertschinsk werden Privateigentum der Zarenfamilie.
1787 Hungersnot in Zentralrußland.
1797 Gründung der orthodoxen theologischen Akademien in Petersburg und Kasan. Verbot der Frondienste an Sonn- und Feiertagen.
1800 Verbot der Einfuhr ausländischer Bücher.
1801 Georgien (Grusinien) wird annektiert.
1804 Bündnis mit Österreich gegen Napoleon. Gründung der Universitäten Kasan und Charkow.
1805/15 Krieg gegen Napoleon an der Seite Englands, Österreichs und Preußens.
1812 Napoleons Feldzug gegen Rußland; Brand Moskaus.
1814 Die kaiserliche Bibliothek in St. Petersburg wird dem Publikum zugänglich gemacht.
1815 Wiener Kongreß und »Heilige Allianz«.

1816 Anfänge der Dekabristen-Verschwörung.
1820 Vertreibung der Jesuiten aus Rußland.
1825 Putschversuch der Dekabristen; Beginn revolutionärer Strömungen in Rußland.
1826/28 Russisch-Persischer Krieg; Aserbeidschan fällt an Rußland.
1828/29 Russisch-Türkischer Krieg; die Donaumündung und Gebiete am Ostufer des Schwarzen Meers fallen an Rußland.
1831 Cholera-Epidemie in Rußland.
1832 Einverleibung der georgischen Kirche in die russische Staatskirche.
1834 Expansion im Kaukasus; Freiheitskampf der Tschetschenen unter Schamil.
1837 Eröffnung der ersten russischen Eisenbahnstrecke von Petersburg nach Zarskoje Selo. Alexander Puschkin wird im Duell getötet.
1842 Glinka beendet erste russische Nationaloper »Ruslan und Ludmilla«. Der Anarchist Bakunin schreibt »Die Reaktion in Deutschland«.
1848 Karl Marx und Friedrich Engels veröffentlichen das »Kommunistische Manifest«.
1851 Die Eisenbahnstrecke St. Petersburg – Moskau wird eröffnet.
1852 Turgenjew beendet seine »Aufzeichnungen eines Jägers«.
1853/56 Krimkrieg.
1856 Unter Zar Alexander II. beginnen liberale Reformen.
1859 Unterwerfung des östlichen Kaukasusgebietes.
1861 Aufhebung der Leibeigenschaft.
1864 Reform des Gerichtswesens mit öffentlichen Verfahren und milderen Strafen. Einführung der Selbstverwaltung für Gouvernements und Kreise (Semstwo). Unterwerfung des westlichen Kaukasus. In Rußland wird die erste Privatbank gegründet.
1867 Rußland verkauft Alaska an die Vereinigten Staaten für 7,2 Millionen Dollar.
1870 Lenin wird in Simbirsk an der Wolga geboren.
1874 Heeresreform und allgemeine Wehrpflicht von sechs Jahren. Mussorgskijs Oper »Boris Godunow« uraufgeführt.
1876 Tolstoj veröffentlicht »Anna Karenina«.
1879 Attentat auf Alexander II. Gründung der revolutionären Organisation »Narodnija Wolja« (»Volkswille«).
1881 Alexander II. wird ermordet; Judenpogrome.
1882 Bauern-Agrarbank gegründet.
1883 Gründung der Sozialdemokratischen Partei Rußlands.
1885 Gründung der Adels-Agrarbank.
1886 Eröffnung der Transkaspischen Eisenbahn.
1891 Baubeginn der Transsibirischen Eisenbahn. Getreide-Export und Hungersnot.
1895 Staatliches Wodka-Monopol. Verhaftung Lenins in St. Petersburg, Verbannung nach Sibirien 1896/99, anschließend Exil in der Schweiz.
1899 bis 1903 Wirtschaftskrise in Rußland.
1902 Bauernunruhen in Rußland. Maxim Gorkij beendet »Nachtasyl«.
1903 Spaltung der russischen Sozialdemokratischen Partei in Menschewiki und Bolschewiki. Erstes Auftreten von Rasputin am Zarenhof.
1904 Transsibirische Eisenbahn vollendet.
1905 *9. Januar* »Blutiger Sonntag«, die erste Russische Revolution.
1912 In St. Petersburg erscheint die erste Nummer der legalen bolschewistischen Zeitung Prawda (»Wahrheit«).
1914 Große Streiks in St. Petersburg, Beginn des Ersten Weltkriegs.
1915 Westrußland wird von deutschen Truppen besetzt.
1916 Rasputin wird ermordet.
1917 *15. März* Thronverzicht des Zaren Nikolaus II. Weißrussische Regierung unter Kerenskij. Allrussisches Konzil in Moskau; Wiedereinführung des Patriarchats.
6./7. November Bewaffneter Aufstand der Bolschewiki, Auftakt der »Oktoberrevolution« (russ. Zeitrechnung: 24./25. Oktober), Gründung der RSFSR (Russische Sozialistische Föderative Sowjet-Republik). Waffenstillstandsvereinbarung mit Deutschland, Beginn des Bürgerkriegs.
1918 Einführung des Gregorianischen Kalenders, der 1. Februar wird auf den 14. Februar vordatiert.
23. Februar Gründung der Roten Armee. Bedrohliche Zuspitzung des Bürgerkriegs an der Wolga.
1919 Bürgerkrieg um Petrograd (St. Petersburg) und Moskau.
1.–18. März Aufstand in Kronstadt.
seit Herbst Hungersnot nach Mißernte; die Zahl der Opfer wird auf 4–5 Millionen geschätzt. Internationale Hilfsaktionen (Fridtjof Nansen) für hungernde russische Bevölkerung und zur Heimführung der russischen Kriegsgefangenen aus Deutschland.
1922 Gründung der UdSSR (Union der Sozialistischen Sowjet-Republiken).
1924 Tod Lenins und Umbenennung der Stadt Petrograd (St. Petersburg) in Leningrad.
1925 Umbenennung von Zarizyn in Stalingrad (bis 1961, dann erneute Umbenennung in Wolgograd). Sergeij Eisenstein dreht den Filmklassiker »Panzerkreuzer Potemkin«.
1927 *Dezember*: Der 15. Parteitag beschließt die Einleitung einer forcierten Industrialisierung.
1929 Kollektivierung der Bauern und Ermordung der Großbauern (Kulaken).
1930 Eröffnung der Turksib-Bahn.
1932 *seit Herbst* Hungersnot mit schätzungsweise 5–9 Millionen Opfern.
1935 Beginn der »Großen Säuberungen« mit Schauprozessen gegen Oppositionelle.
1939 *23./24. August*: Nichtangriffspakt mit Deutschland (»Hitler-Stalin-Pakt«)
1. September, Beginn des Zweiten Weltkriegs durch Angriff Deutschlands auf Polen.
1940 *11. Februar* Wirtschaftsabkommen mit Deutschland.
Juni Sowjetischer Einmarsch in die baltischen Staaten.
1941 *22. Juni* Deutscher Angriff auf die UdSSR (»Unternehmen Barbarossa«).
August Auflösung der »Autonomen Sowjet-Republik der Wolgadeutschen« sowie Deportation der Bewohner nach Kasachstan, Sibirien und Zentralasien.
8. September Beginn der Blockade Leningrads (Dauer: 900 Tage).
16. Oktober Übersiedlung der Regierung von Moskau nach Kuibyschew.
1942 *19. August* Beginn des deutschen Angriffs auf Stalingrad.
Mitte November Einkesselung der deutschen 6. Armee bei Stalingrad.
1943 *31. Januar/2. Februar* Kapitulation der 6. Armee in Stalingrad.
1944 Befreiung Leningrads von deutscher Belagerung, Deportation der Kaukasusvölker der Tschetschenen, Inguschen, Kartschajer, Balkaren und Kalmücken in entlegene Gebiete der UdSSR.
1945 *9. Mai, 0.01 Uhr* Inkrafttreten der bedingungslosen Kapitulation Deutschlands.
1946 Vierter Fünfjahresplan zur Beseitigung der Kriegsschäden mit Priorität für die Schwerindustrie.
1947 Die Einigkeit der Alliierten Mächte des Zweiten Weltkriegs bröckelt, der »Kalte Krieg« entwickelt sich.
1949 *7. Oktober* Gründung der DDR.
1953 *5. März* Tod Stalins.
1955 *14. Mai* Gründung des Warschauer Paktes.
September Der deutsche Bundeskanzler Konrad Adenauer besucht Moskau. Aufnahme diplomatischer Beziehungen.
1955/56 Die letzten deutschen Kriegsgefangenen verlassen die Sowjetunion.
1957 *4. Oktober* Start des Sputnik.
1961 *12. April* Jurij Gagarin umkreist als erster Mensch in einem Raumschiff die Erde. Stalins Leichnam wird aus dem Mausoleum entfernt und an der Kremlmauer beigesetzt.
1966 Weiche Landung der unbemannten »Luna IX« auf dem Mond.
1968 Einmarsch sowjetischer Truppen in die Tschechoslowakei, Ende des »Prager Frühlings«.
1970 Unterzeichnung des Gewaltverzichtsabkommens zwischen der UdSSR und der BRD in Moskau.
1972 *26. Mai* Unterzeichnung des SALT-I-Abkommens zur internationalen Begrenzung der strategischen Rüstung.
1973 *August* Die UdSSR hat nun 250 Millionen Einwohner.
1975 Erdgasvertrag der UdSSR mit der Bundesrepublik Deutschland. Kopplungsmanöver russischer und amerikanischer Weltraumfahrer (Sojus- und Apollo-Programm).
1980 *Juli* Beginn der Olympischen Sommerspiele in Moskau, Wirtschaftssanktionen (»Embargo«) der USA gegen die UdSSR.

1982 Einfuhrbeschränkungen der EG für sowjetrussische Güter.
1985 *11. März* Michail Gorbatschow wird Generalsekretär.
1986 *26. April* Explosion von Block 4 des Kernkraftwerkes in Tschernobyl.
Dezember Sacharow darf nach Moskau zurückkehren.
1988 *29. April* Treffen Gorbatschows mit Patriarch Pimen.
1990 *März* Führungsanspruch der KP aus der Verfassung gestrichen. Einführung des Präsidialsystems.
12. September Das Vereinte Deutschland erhält seine volle Souveränität zurück.
1991 *12. Juni* Wahl Boris Jelzins zum Präsidenten Rußlands.
8. Dezember Rußland, Weißrußland und die Ukraine erklären die UdSSR für aufgelöst und gründen die »Gemeinschaft Unabhängiger Staaten« (GUS).
21. Dezember Armenien, Aserbeidschan, Kasachstan, Kirgisien, Moldawien, Tadschikistan, Turkmenistan und Usbekistan schließen sich der GUS an.
25. Dezember Michail Gorbatschow tritt als sowjetischer Staatspräsident zurück.
1992 *März* Referendum der Tataren. Kasan erklärt die volle Unabhängigkeit Tatarstans.
1993 Putsch gegen Boris Jelzin. Im *Oktober* wird die Privatisierung von Grund und Boden zugelassen, im *Dezember* erfolgt die Annahme einer neuen russischen Verfassung mit stark erweiterten Rechten des Präsidenten.
1995 Nischnij-Nowgorod feiert 100 Jahre Messe.
1995/96 Die Gouverneure der russischen Gebiete werden erstmals vom Volk direkt gewählt.
1997 *September* Moskau feiert sein 850jähriges Jubiläum.
2004 Die Universität Kasan wird 200 Jahre alt.

Kleines Wolga-ABC

Angaben zur Statistik: Die Quelle der Wolga in den Waldaihöhen nordwestlich von Moskau liegt auf 57 Grad nördlicher Breite und 33 Grad östlicher Länge. Die Mündung in einem großen Delta bei Astrachan am Kaspischen Meer liegt auf 46 Grad nördlicher Breite und 48 Grad östlicher Länge. Die Flußlänge wird in russischen Quellen mit 3688 Kilometern angegeben. Verschiedene Kanäle verbinden die Wolga mit der Ostsee (Wolga-Ostsee-Wasserweg), dem Asowschen Meer, dem Schwarzen Meer, dem Don (Wolga-Don-Kanal) dem Weißmeer-Ostsee-Kanal mit dem Weißen Meer sowie mit Moskau und machen sie zu Rußlands bedeutendster Wasserstraße, auf der die Hälfte aller hiesigen Flußfrachten transportiert wird. Üblicherweise ist der Fluß von März bis Mitte Dezember befahrbar, in der Zeit dazwischen ist er zugefroren.
Das Stromgefälle zwischen Quelle und Mündung liegt bei 250 Meter und wird durch Staustufen und Stauseen reguliert. Am Oberlauf ist eine Staustufe bei Wolschskoje, Uglitsch und Rybinsk. Es folgen die Wehre bei Gorodez (oberhalb von Gorkij), Tscheboksary, Samara (= Kuibyschew), Saratow und Wolgograd (Zarizyn).
Die Wolga und ihre Nebenflüsse haben ein Einzugsgebiet von insgesamt rund 1360000 Quadratkilometern, ihre durchschnittliche Abflußmenge beträgt etwa acht Millionen Liter pro Sekunde.
Der Wasserstand der Wolga ist abhängig von der Jahreszeit: Von April bis Juni herrscht wegen der Schneeschmelze Frühlingshochwasser, im Sommer und Winter ist Niedrigwasser, im Oktober ist Regenhochwasser.
An der Wolga befinden sich acht Wasserkraftwerke. Die Wassermenge eines Jahres besteht offiziellen Angaben zufolge zu 60 Prozent aus Schneeschmelze, zu 30 Prozent aus Grundwasser und zu 10 Prozent aus Regenwasser.
Die Wassertemperatur der Wolga beträgt im Sommer 20 bis 25 Grad Celsius.

Ankunft in Moskau oder St. Petersburg. Hauptreisemittel ist das Flugzeug, Flugdauer ungefähr drei Stunden. Direktflüge einmal wöchentlich von Frankfurt am Main nach Nischnij-Nowgorod – Samara und nach Kasan – Perm (Lufthansa). Die Zugfahrt Berlin – Moskau dauert etwa eineinhalb Tage. Die Züge bestehen alle aus Schlafwagen mit Zwei- oder Vier-Bett-Abteilen und einem Speisewagen. Mit dem Auto ist die kürzeste Strecke von Berlin nach Moskau gut 1600 Kilometer lang, von Berlin nach St. Petersburg knapp 1900 Kilometer. Auf diesen Strecken gibt es in der GUS keine Autobahnen, nur Schnellstraßen.

Architektur Das natürliche Baumaterial sind Holz und Ziegel. Stein ist selten, da er von weit hergeholt werden muß. Säulen sind im allgemeinen gut gemachte Imitationen aus Holz mit Steinmaserung im Putz. Seit Peter dem Großen sind auch westliche Baustile vertreten. Der russische Barock ist stark italienisch beeinflußt, aber in den Farben und Ornamenten stets auch lokal geprägt. Gründerzeit- und Jugendstilbauten findet man in den meisten Städten. Der Bauboom nach dem Zweiten Weltkrieg ließ sehr viele monumentale Häuser im typischen »Stalinistischen Baustil« entstehen, der viele moderne Städte prägt. Wohnsiedlungen der Sowjetzeit sind häufig im Viereck angelegt, mit Straßen außen herum und einem großen Hof in der Mitte. Dieser Hof ist das Revier der Kinder mit Sandkästen nahe der Eingänge und Bäumen in der Mitte.

Bergufer nennt man die westliche Seite der Wolga. Im Mittellauf und Unterlauf des Flusses liegt sie beträchtlich höher als die Ostseite, das Wiesenufer.

Berühmtheiten aus der Wolgaregion Die bekanntesten Persönlichkeiten aus dem politischen Bereich sind der Anarchist Michail Alexandrowitsch Bakunin (1814 bis 1876) aus dem Gouvernement Twer, der Revolutionär Wladimir Iljitsch Lenin (1870–1924) aus Simbirsk und der Rebell Stenka Rasin (1671 hingerichtet). An Dichtern kommen aus dem Gebiet der Tschuwaschen Gennadij Nikolajewitsch Ajgi (1934 geboren), aus dem Gouvernement Astrachan der »Alchimist der Worte« Velimir Chlebnikow (1885–1922), aus Kasan der größte russische Dichter vor Puschkin, Gavril Romanowitsch Derschawin (1743–1816), aus Simbirsk der »Oblomow«-Erfinder Iwan Alexejewitsch Gontscharow (1812 bis 1891), aus Nischnij-Nowgorod Maxim Gorkij (1868–1936), aus Jaroslawl der Symbolist Michail Alexejewitsch Kusmin (1875 bis 1936), aus Samara der Märchennachdichter Alexej Nikolajewitsch Tolstoi (1882–1945) und viele andere mehr. Nikolaj Alexejewitsch Nekrassow (1821–1878) wuchs in Jaroslawl auf, und Alexander Nikolaijewitsch Ostrowskij (1823–1886) lebte und starb im Gouvernement Kostroma.
Der legendäre Baß-Sänger Fjodor Iwanowitsch Schaljapin (1873–1938) stammt aus Kasan und hatte den weltweit größten Erfolg als Boris Godunow in der gleichnamigen Oper, in der Ereignisse aus Uglitsch eine Rolle spielen.
Der Landschaftsmaler Isaak Iljitsch Lewitan (1860–1900) verewigte die romantische Wolga ohne Stauwehre und -seen, und der berühmte naturalistische Maler Ilja Jefimowitsch Repin (1844–1930) setzte mit seinen »Wolgatreidlern« den Tagelöhnern an der Wolga ein Denkmal.

Diplomatische Vertretungen
in Deutschland
• Botschaft der Russischen Föderation, 53177 Bonn, Waldstraße 42, Postfach 20 09 08, Tel. 02 28/3120 86; Fax 0228/38 45 61; Konsularabteilung: Tel. 02 28/3120 83 und 3120 89.
• Botschaft Außenstelle Berlin, 10117 Berlin, Unter den Linden 63, Tel. 030/229 1110, Fax 030/2 29 93 97, Visa-Stelle 030/832 70 04; Konsularabteilung: 14195 Berlin, Rei-

chensteiner Weg 34–36, Tel. 030/ 832 70 04/5.
in Moskau
• Botschaft der Bundesrepublik Deutschland, Bolschaja Grusinskaja 17, Tel. 007/095 9 56 10 80, Visa-Stelle 007/0 95 9 36 24 01
• Botschaft der Republik Österreich, Starokunjuschennyi Pereulok 1, Tel. 007/095 2 01 73 07, Visa-Stelle 007/095 2 07 73 17
• Botschaft der Schweiz, Pereulok Stopani 2/5, Tel. 007/095 9 25 53 22, Fax 007/0 95 2 00 17 28

Einreise ist nur mit einem Visum möglich → Konsulate, → Reiseveranstalter, → Visa.

Entfernungsangaben Begriffe wie nah und fern sind in Rußland »großzügiger« zu interpretieren als in Westeuropa (zuverlässig ist nur die Kilometerangabe). »Fünf Minuten zu Fuß« kann zum Beispiel auch für trainierte Fußgänger einen mehr als eine Viertelstunde langen Weg bedeuten – denn »Rußland ist ein großes Land, hat eine große Minute«.

Essen und Trinken Ein »internationales Frühstück« bedeutet in Rußland Kaffee oder Tee mit Brot oder Brötchen und süßem oder salzigem Aufstrich oder Belag. Ein »russisches Frühstück« reicht von Kascha für den einen bis zu Würstchen mit Kartoffelbrei und Bier für den anderen Geschmack. Mittagessen und Abendessen können eine Suppe oder einen Salat als Vorspeise haben, ein Hauptgericht und selbstverständlich ein Dessert; abschließend einen Kaffee. Für die Anzahl der Gänge gibt es keine Regel, sie ist je nach Lust, Laune, Geldbeutel, Appetit, Anlaß und Notwendigkeit beliebig hoch.
Essen in Rußland ist so vielfältig wie seine Landschaft. Jedes Gebiet hat seine nationalen Speisen, die auch zunehmend in Restaurants angeboten werden. Trotzdem gibt es typische russische Speisen, die fast überall auf der Speisekarte stehen und deren Zutaten sich nach Jahreszeit und Anbaugebiet etwas verändern. Als Grundnahrungsmittel sind Weißkraut in jeder Form, rote Bete (rote Rüben) und Buchweizen sehr verbreitet. Zur Geschmacksabrundung wird gerne Smetána, eine dicke saure Sahne, ähnlich der französischen Crème fraîche, verwendet.

Die bekanntesten russischen Speisen und Getränke sind
• *Bier* Eine russische Spezialität ist das *Kwass* – ein Leichtbier, das aus vergorenem Brotteig hergestellt wird. Es wird nur im Sommer gebraut und ist sehr erfrischend. Das normale russische Bier ist für Deutsche gewöhnungsbedürftig, da der Geschmack des Hopfens sehr stark von der Bodenbeschaffenheit abhängt. Allerdings gibt es auch Importbiere in großer Auswahl.
• *Blini,* Buchweizen-Pfannkuchen, die über die verschiedensten süßen und salzigen Füllungen geschlagen werden können. Als edelste Füllung gelten roter (Lachs-) Kaviar oder schwarzer (Stör-)Kaviar.
• *Borschtsch,* eine Rote-Bete-Suppe, der nachgesagt wird, daß sie das beste Mittel bei Katerstimmung sei.
• Der russische *Kaffee* kann Bohnenkaffee, aber auch Malzkaffee sein. Auf einem Touristenschiff ist er bestimmt nur importierter Bohnenkaffee.
• *Kascha,* eine Buchweizengrütze, die nicht nur Vegetariern den neuen Tag verschönt.
• *Kotleti,* meist große Buletten (Fleischpflanzerl), in seltenen Fällen auch Koteletts.
• *Lapscha,* eine Hühnersuppe mit Nudeln.
• *Pelmeni,* russische Maultaschen oder Ravioli, mit gehacktem Fisch oder Fleisch gefüllt.
• *Piroggen,* gebackene Hörnchen aus mürbem Teig, die mit angemachtem Hackfleisch, Sauerkraut, Kartoffeln, Zwiebeln, Tomaten, Pilzen in vielen Varianten gefüllt sind.
• *Salate* in großer Vielfalt als Vorspeise, vom aufwendigen Krabbensalat bis zu den ganz einfachen, die nur aus den rohen Zutaten wie Gurken- oder Tomatenscheiben bestehen, nur mit Smetana, der russischen dicken Sahne, gewürzt werden und wunderbar schmecken.
• *»Schampanskij« – Sekt* – kommt nicht nur von der Krim, und chemische Untersuchungen haben ihn zu den schadstoffärmsten Sekten Europas deklariert. Sekt gibt es in den Klassen süß (slatky), halbtrocken und trocken. Vorsicht: süßer Sekt hat fast die Qualitäten eines Dessertweines!
• *Soljanka,* die berühmte dicke, scharf gewürzte Fisch- oder Fleischsuppe, die wie die meisten russischen Suppen eher einem Eintopf-Gericht gleicht und problemlos als kleines Haupt- oder warmes Zwischengericht genossen werden kann.
• *»Tschai« – Tee* – ist das warme Nationalgetränk, das zu jeder Tages- und Nachtzeit getrunken wird. Russischer Tee ist heller als der englische, er regt an, aber nicht auf, und ist magenfreundlicher. Typische Zubereitung im Samowar – das ist ein Gerät zur Erhitzung und Warmhaltung von Wasser mit einem kleinen Zapfhahn. Es hat eine Heizvorrichtung, Holz oder elektrisch, für das große Wassergefäß. Sozusagen als Deckel hat der Samowar eine kleine Teekanne, in der das aufgebrühte Teekonzentrat warm gehalten wird. Beim Teeausschenken gießt der Gastgeber zuerst eine kleine Menge aus der Kanne in die Tasse und füllt anschließend mit dem heißen Wasser aus dem Samowar auf. Durch dieses zweigeteilte Verfahren bleibt zum einen der Tee aromafrisch, und zum anderen entsteht daraus eine Art Zeremonie, die durch ihre Bedächtigkeit eine fast philosophische Bedeutung gewinnt.
• An inländischen *Weinen* werden vor allem moldawische und georgische angeboten. Da die Chemie der Schädlingsbekämpfungs- und Unkrautvernichtungsmittel in der früheren Sowjetunion nicht ein so ausgeprägter Wirtschaftsfaktor war wie in Westeuropa, sind die landwirtschaftlichen Produkte Rußlands in dieser Hinsicht noch wenig(er) belastet.
• *Wodka* ist bekannterweise das Nationalgetränk. Er wird nicht in Litern, sondern in Gramm abgemessen. Hundert Gramm sind die klassische russische Portion, sie entspricht ungefähr 100 Millilitern, also 0,1 Liter. Bei den vielen Sorten, die es gibt, schwört jeder der Befragten auf eine andere Sorte.
Säfte und Mineralwasser gibt es in großer Variationsbreite.

In Rußland ist es Sitte und Tradition, im Dampfbad (Banja) gemeinsam zu schwitzen und mit Birkenzweigen die Hitze aus dem offenen Herd auf den Körper zu wedeln oder sogar zu schlagen.

Feiertage Aufgrund der Trennung von Staat und Kirche gibt es in Rußland weniger Feiertage als in Deutschland:
1./2. Januar (Neujahr)
7. Januar (russische Weihnacht)
23. Februar (Tag der Verteidiger des Vaterlandes)
8. März (internationaler Frauentag)
1./2. Mai (Tag der Arbeit, Frühling)
9. Mai (Tag des Sieges)
12. Juni (Tag der Unabhängigkeit)
7. November (Oktoberrevolution)
12. Dezember (Tag der Verfassung)
31. Dezember (Silvester)

Feste Fast jede Stadt hat ein jährliches Stadtgründungsfest, bei dem auf einem öffentlichen Platz getanzt und alle möglichen Lustbarkeiten dargeboten werden. Im Juni finden in Tatarstan in vielen Orten die Sabantui-Feste statt. Ende Juni ist dann das abschließende große Sabantui-Fest in der Hauptstadt Kasan.

Fischen ist ein Lieblingssport aller russischen Völker. Überall am Fluß sind Boote mit ausgelegten Angeln zu sehen. Auch Winterfischen durch ins Eis gehackte Löcher wird betrieben.

Gesundheit In Sumpfgebieten, dazu gehört auch die Stadt und vor allem die Umgebung St. Petersburgs, sind Schnaken äußerst verbreitet. Mückenabwehrende Mittel gehören deshalb zum Grundbestand der Reiseapotheke; wer eine Insektenstich-Allergie hat, sollte einen ausreichenden Vorrat an entsprechenden Mitteln »für danach« mitnehmen – ebenso jeder, der regelmäßig Medikamente einnehmen muß. In Rußland sind die lateinischen Bezeichnungen für Krankheiten und Medikamente nicht sehr verbreitet. Das Leitungswasser hat zumeist eine sehr viel schlechtere Qualität als in Deutschland und sollte nur zum Waschen verwendet werden. Zum Trinken empfehlen sich die Mineralwasser, auch aus örtlichen Quellen.

GUS Gemeinschaft unabhängiger Staaten. Staatenverbund von Ländern, die der Sowjetunion als eigenständige Republiken angehörten. Dazu zählen als Gründungsmitglieder (1991) die Russische Föderation, die Ukraine und Weißrußland. Die früheren Sowjetrepubliken Armenien, Aserbeidschan, Kasachstan, Kirgisien, Moldawien, Tadschikistan, Turkmenistan und Usbekistan schlossen sich der neuen Staatengemeinschaft ebenfalls an.

Impfungen Es sind keine Impfungen vorgeschrieben. Empfohlen werden jedoch Hepatitis-A-, Polio-, Tetanus- und Diphtherie-Impfung.

Informationen Jedes Reisebüro, das Rußlandreisen anbietet, kann Grund-Informationen zur Verfügung stellen; weitere Informationen erhält man von den auch für Visaangelegenheiten zuständigen Generalkonsulaten (deren Angestellte zumeist aus Rußland sind). Auch in den Rathäusern der deutschen Partnerstädte kann man Informationen über die jeweilige russische Partnerstadt erhalten → Städtepartnerschaften, → Reiseveranstalter.

Klima Die Wolgaregion unterliegt dem Kontinentalen Klima mit langen kalten Wintern und sehr warmen, trockenen Sommern. Das Gebiet um Archangelsk liegt nahe am Polarkreis, der Hafen ist sechs Monate im Jahr zugefroren. In St. Petersburg an der Ostsee kommt es im Sommer zu täglich zwei Regenschauern, die Frostperiode kann vier Monate dauern. Bei Kostroma taut die Wolga ab April auf.

Konsulate Generalkonsulate der Russischen Föderation
in Deutschland
- 22085 Hamburg, Am Feenteich 20, Tel. 0 40/22 95 30-1, Fax 0 40/2 29 77 27
- 04105 Leipzig, Kickerlingsberg 18, Tel. 03 41/5 96 18 76, Fax 03 41/5 85 24 04

80335 München, Seidlstraße 28, Tel. 0 89/59 25 28, Fax 0 89/5 50 38 28

Im Wolgadelta schmiegen sich an den Ufern kleine Holzhäuser mit vielerlei Holzanbauten und Holzstegen an die vielen Wasserarme.

18057 Rostock, Thünenstraße 3, Tel. 03 81/4 92 27-42, Fax 03 81/4 92 27-43

in Österreich
A-1030 Wien, Reisnerstraße 45–47, Tel. 01/73 12 15

in der Schweiz
CH-3006 Bern, Brunnadernrain 37, Tel. 031/44 05 66

Kreml Eine durch eine umlaufende Mauer geschützte Burganlage, innerhalb derer Kirchen, Klöster, Wohnhäuser, Ställe und Gärten das Überleben der Bevölkerung bei Überfällen absicherten. Die meisten Städte an der Wolga wurden aus Festungen gegründet und mit befestigten Anlagen während der Besiedelung erweitert. Der bekannteste Kreml Rußlands ist der Moskauer, der die Größe einer mittelalterlichen Stadt hat. Kreml an der Wolga sind u.a. in Nischnij-Nowgorod, Kasan und Astrachan.

Museen Jede größere Stadt hat ein Heimat- und Volkskundemuseum, in dem die Geschichte, das Handwerk und das Kunsthandwerk der Stadt und der Region mit sehr schönen Exponaten vorgestellt werden. Kunstmuseen und technische Museen mit verschiedenen Schwerpunkten sind ebenfalls reichlich in den Städten an der Wolga zu finden. Sehr persönlich, fast privat sind die kleinen Museen, die einer im Ort geborenen oder länger dort lebenden berühmten Person gewidmet werden. Die Eintrittspreisee in Museen sind niedrig, Öffnungszeiten in der Regel zwischen 10 und 17 Uhr.

Nahverkehr Am Fluß entlang gibt es keine Eisenbahnlinien und oft auch keine Autostraßen. Der Hauptverkehr läuft über Schiffe. Kleine schnelle Luftkissenboote, Raketas genannt, verbinden die einzelnen Anlegestellen der Stadtteile und Außenbezirke sowie der ihrer Vororte zur Personenbeförderung. Sie sind die »Flußomnibusse« und ergänzen den üblichen öffentlichen Verkehr einer Stadt. Wegen der Breite der heutigen Wolga sind Brücken äußerst selten und 100 bis 200 Kilometer oder noch weiter voneinander entfernt.

Nebenflüsse der Wolga Ungezählte kleine und einige große Flüsse münden bis Wolgograd (Zarizyn) in die Wolga. Die längsten sind:
- von Westen die Nerl, Oka, Sura und Tereschka,
- von Osten die Kostroma, Unscha, Wetluga, Kokschaga, Kasanka (in Kasan), die Kama (ein großer Strom aus dem Ural mit den Wassern der Wjatka), Bjelaja und Ufa, die Samara, der Irgis und Torgun.

Partnerland zur Region Nischnij-Nowgorod ist Nordrhein-Westfalen, das u.a. auch mehrere Projekte in anderen Städten (etwa in Kostroma) unterstützt. Tübingen und Neubrandenburg unterstützen die Stadt Petrosavodsk.

Raketas → Nahverkehr.

Reiseveranstalter Am häufigsten wird in den deutschen Reisebüros die Schiffsreise von Moskau nach St. Petersburg oder von Moskau nach Wolgograd (Zarizyn) angeboten. Diese Reisen finden nur im Sommer statt und dauern als Richtwert zehn Tage. Die jährlich wechselnden Angebote können schriftlich, telefonisch oder per Fax von den Reisebüros angefordert werden. Anreise mit dem Flugzeug, Zielflughafen ist Moskau oder St. Petersburg. Andere Reiserouten sind möglich, unter Umständen durch Kombination von deutschen mit russischen Veranstaltern.
Die wichtigsten Reisebüros für Schiffsreisen auf der Wolga im deutschsprachigen Raum:
- DERTOURS in Frankfurt (Info-Telefon 0 69/95 88-35 53, Fax 0 69/95 88-35 50), mit 5000 angeschlossenen deutschen Reisebüros.
- Nicko Tours, Wilhelmstraße 4, 70182 Stuttgart, Tel. 07 11/62 74 70, Fax 07 11/62 63 77, bietet zusätzlich Reisen an die karelischen Seen, Samara – St. Petersburg und Moskau – Astrachan an.
- Olympia Reisen, Siegburgerstraße 49, 53229 Bonn, Tel. 02 28/40 00 30, Fax 02 28/46 69 32, bietet zusätzlich Moskau-Astrachan an.
- Phoenix Reisen, Kölnstraße 80, 53111 Bonn, Tel. 02 28/7 26 28-55, Fax 02 28/7 26 28-99, bietet darüber hinaus Reisen von Moskau nach Rostow am Don und eine Wolga-Kama-Reise an.
- Reisebüro und Großveranstalter von Wolgareisen ist transoceantours, Bredenstraße 11, 28195 Bremen, Tel. 04 21/3 33 60, Fax

04 21/33 36-2 00, bei dem eigene Gruppenreisen zusammengestellt werden können.
In Rußland können weitere Reisemöglichkeiten außerhalb der üblichen deutschen Touristensaison erfragt werden bei:

- Intourist Reisen, Moskau, Tel. 007/095-2922260, Fax 007/095-9245038.

Fragen, die über eine touristische Reise hinausgehen, können eventuell durch die Zentrale der russischen Flotte, die 1996 ihr 300-jähriges Bestehen feierte, beantwortet werden:

- Retschflot, Petrowka Str. 3/6, 103775 Moskau, Tel. 007/095-4597855, Fax 007/095-4586393.

Reisezeit Schiffsreisen werden nur im Sommer angeboten, zum einen wegen des langen Winters in Rußland, zum anderen wegen der Hauptreisezeiten der westeuropäischen Länder. Für Flugzeug- und Zugreisende, die sich nur in einem kleineren Gebiet bewegen wollen, ist aber auch der Winter mit der zugefrorenen Wolga, den schneebedeckten Kirchen und Häusern und dem Reif auf den Ästen der Bäume durchaus sehr reizvoll.

Russische Föderation Damit wird die größte Republik (RSFSR) der ehemaligen Sowjetunion (UdSSR) und der Nachfolgeorganisation der Gemeinschaft der Unabhängigen Staaten (GUS) bezeichnet. Sie umfaßt drei Viertel der Fläche der früheren Sowjetunion und 51 Prozent der Bevölkerung. Ihr Territorium beginnt östlich der Ukraine, Weißrußlands und der baltischen Länder und schließt ganz Sibirien bis zum Pazifik mit ein. Im Süden grenzt sie an die ehemaligen Sowjetrepubliken Georgien (Grusinien) und Aserbeidschan im europäischen Teil sowie an Kasachstan im eurasischen Teil. Innerhalb Rußlands gibt es eine Anzahl autonomer Republiken, früher ASSR genannt, von denen ein Teil heute eine größere Souveränität verlangt. Elf davon liegen im europäischen Teil Rußlands, einige am Kaukasus, andere am Ural.

Städtepartnerschaften In den Rathäusern der deutschen Partnerstädte gibt es stets ein Büro, das die Partnerschaft pflegt und genaue Auskünfte über die russische Partnerstadt geben kann.

Das gewaltige Denkmal »Mutter Erde« auf dem Mamajew-Hügel in Wolgograd wird besonders gerne an den Wochenenden und Feiertagen besucht.

- Berlin und Düsseldorf – Moskau
- Braunschweig – Kasan
- Emden – Archangelsk
- Erlangen – Wladimir
- Essen – Nischnij-Nowgorod
- Dortmund – Rostow am Don
- Hamburg – St. Petersburg
- Idstein – Uglitsch
- Kassel und Hanau – Jaroslawl
- Köln und Chemnitz – Wolgograd
- Krefeld – Uljanowsk (Simbirsk)
- Osnabrück – Twer
- Stuttgart – Samara (Kuibyschew)
- Wolfsburg – Togliatti

Telefonvorwahl Die Landeskennzahl ist 007.

Unterkunft Für Schiffsreisende ist die Frage nach einer geeigneten Übernachtungsmöglichkeit kein Problem, da sie bereits ihre Kabine an Deck gebucht haben; Privatreisende, die nicht bei ihren Gastgebern wohnen, sollten sich von ihnen ein geeignetes Quartier suchen lassen (auch die Übernachtung in Privatquartieren ist inzwischen möglich). Russische Hotels sind – an westeuropäischen Standards gemessen – im allgemeinen zu teuer. International betriebene Hotels, die Kreditkarten akzeptieren, gibt es in den großen Städten.

Visa Die erforderlichen Visa sind, wenn sie nicht über das Reisebüro beantragt werden, in den russischen General-Konsulaten erhältlich oder in der Visastelle Berlin:

- Reichensteiner Weg 34–36, 14195 Berlin, Tel. 0 30/8 32 70 04 und 8 32 70 05, Fax 0 30/8 32 50 49, Öffnungszeiten täglich 9–13 Uhr, dienstags und donnerstags auch 14–17 Uhr.

Erforderlich sind: eine offizielle Einladung von russischen Privatpersonen, Firmen oder Institutionen, drei Paßbilder, ein ausgefülltes Visum-Formular, ein Paß, der noch ein halbes Jahr nach Beendigung der Reise Gültigkeit hat und Barzahlung der Gebühren. Die Gebühren betragen für Privatpersonen DM 45,– und für Geschäftsreisende DM 65,– (Stand: August 1997). Antragsdauer: ungefähr eine Woche. Wenn es schneller gehen muß, erhöhen sich die Gebühren.

Wiesenufer Die Ostseite der Wolga.

Willkommensempfang In Rußland ist es üblich, einen Gast mit einem Brot und Salz zu empfangen. Der Gast bricht ein Stück Brot ab, salzt und ißt es. Dazu wird eventuell eine Suppe oder Kwass gereicht.

Zeitverschiebung Von St. Petersburg bis Astrachan gilt Moskauer Zeit, das heißt: Dort ist es zwei Stunden später als in Deutschland. Im Mittellauf der Wolga, um Samara, der östlichsten Stadt am Fluß, wird eine weitere Zeitzone überschritten: Die Uhr muß eine Stunde vorgestellt werden. Bei Saratow ist die Wolga wieder in der Moskauer Zeitzone. (Sommerzeit wie in Deutschland.)

Zoll Die Zollbestimmungen ändern sich häufig und sind am besten vor der Reise im Reisebüro oder bei den Konsulaten im Detail zu erfragen.
Einfuhr: Hohe Gebühren werden auf technische Geräte wie Computer und Dinge, die offensichtlich nicht für den täglichen Gebrauch bestimmt sind (etwa Arzneimittel-Grundstoffe), erhoben.
Ausfuhr: Prinzipiell gilt, daß Einkäufe in Rußland ohne Beleg nicht ratsam sind; vor allem nicht bei wertvolleren Exportgütern und Souvenirs.

Zuganschlüsse Von Moskau aus sind Twer, Jaroslawl, Nischnij-Nowgorod, Kasan, Simbirsk, Saratow, Wolgograd und Astrachan zu erreichen.

Eine Produktion des Bruckmann-Teams, München

Konzeption (verantwortlich) und Lektorat: Robert Fischer

Bildredaktion: Robert Fischer,
Bettina Schippel, Gregor M. Schmid

Layout und Herstellung: Bettina Schippel

Umschlaggestaltung: VerlagsService
Dr. Helmut Neuberger & Karl Schaumann GmbH, Heimstetten

Alle Abbildungen von Gregor M. Schmid, außer S. 44 unten (Archiv für Kunst und Geschichte, Berlin).
Übersichtskarte: Elsner & Schichor, Karlsruhe
Bildlegende S. 4/5: Das Spatiew-Kloster (rechts) in Kosoroma an der Wolga im Dämmerlicht.

Literatur- und Quellenhinweise:

Die – in Auszügen zitierten – Gedichte von Jewgenij Jewtuschenko und Godehard Schramm wurden uns freundlicherweise von den Autoren zur Verfügung gestellt; von Godehard Schramm stammt auch die Übersetzung der Gedichte Jewgenij Jewtuschenkos. Mit Ausnahme des Auszugs aus »Auf den Tod eines alten Bojenlegers« (Jewgenij Jewtuschenko) und »Jaroslawl« (Godehard Schramm) handelt es sich dabei um deutsche Erstveröffentlichungen.

Maxim Gorkij, »Unzeitgemäße Gedanken über Kultur und Revolution«, Frankfurt am Main 1974

»Russische Volkslieder«, ausgewählt, übersetzt und herausgegeben von Heinrich Möller, Mainz 1923

»50 Russische Volkslieder«, bearbeitet von E. L. Swerkoff, übersetzt von August Scholz, Frankfurt am Main o. J.

»Russische Lyrik«, übersetzt von Hans Baumann, Gütersloh 1963

»Russische Lyrik«, russisch-deutsch, herausgegeben von Kay Borowsky und Ludolf Müller, Stuttgart 1983 (Hinweis: Das Zitat aus »Asien« von Velimir Chlebniko aus dem Jahr 1921 aus der o.g. Ausgabe wurde von Rosemarie Ziegler übersetzt; das Gedicht »Wart auf mich« von Konstantin Simonow wurde anhand des in der o.g. Ausgabe abgedruckten russischen Textes von Adelheid Rabus neu übersetzt).

Anton Tschechow, »Die Steppe. Erzählungen aus den Jahren 1887–1892«, übersetzt von Ada Knipper, München 1968.

Danksagung – *Balshoj spassiba*

Mein besonderer Dank gilt der Dolmetscherin aus Kostroma, Frau Helena Anatolewna Bubnihina, die mir nicht nur in ihrer Stadt, sondern auch bei der Organisation meiner Fotoaufnahmen in anderen Städten und Regionen hilfreich zur Seite stand. Ebenso danke ich all jenen Menschen an der Wolga, die ich über meine Arbeiten kennenlernen durfte und die mir so manchen wichtigen Hinweis zu besonderen Motiven gaben (Gregor M. Schmid).

Gedruckt auf chlorfrei gebleichtem Papier

Die Deutsche Bibliothek – CIP-Einheitsaufnahme
Die Wolga: Leben am längsten Strom Europas / Gregor M. Schmid; Adelheid Rabus. – München : Bruckmann, 1997
ISBN 3-7654-3072-2

Gesamtherstellung: Bruckmann, München
Printed in Germany
ISBN 3-7654-3072-2